VINGT JOURS

DE SECRET,

OU

LE COMPLOT D'AVRIL.

PAR ARMAND MARRAST,

RÉDACTEUR EN CHEF DE LA TRIBUNE.

4ᵉ ÉDITION.

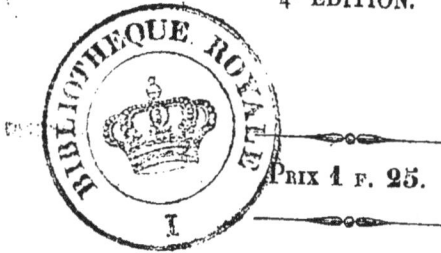

PRIX 1 F. 25.

PARIS,

GUILLAUMIN, LIBRAIRE-ÉDITEUR,

45, RUE VIVIENNE.

1834.

PREFACE DE LA IVᵉ EDITION.

Trois mois se sont écoulés depuis la première édition de cette brochure, et la roue politique tourne avec tant de rapidité que le sujet en est déjà bien vieux. Condamné à toutes les angoisses de la solitude, privé d'air et de lumière, incertain du sort de mes amis, j'écrivis ces impressions éparses pour me réfugier au sein de ces grandes idées républicaines qui donnent la force de la conviction, l'énergie du courage, et qui colorent les traits plombés de la douleur de tous les reflets de l'espérance. Aujourd'hui encore, bien que toutes mes sympathies soient à vous, ô mes amis des mauvais jours, qui souffrez ce que le pays ne soupçonne pas, car personne ne le lui raconte, et vous ne savez pas vous plaindre, vous! aujourd'hui encore mes pensées comme les vôtres appartiennent à cette immortelle et sainte cause du peuple qui embrasse dans ses principes tout ce que la justice et la raison ont de plus puissant; elle est à cette religion qui prêche dans sa foi tout ce que l'humanité peut accomplir d'améliorations et de progrès, et dont le culte enivre d'autant plus les âmes fortes, qu'il exige plus de dévoûment et de sacrifices. Que les natures débiles et les opinions vacillantes ploient sous le vent de la défaite. C'est à nous de montrer ce qu'elle est, cette défaite, et quel parti l'ennemi en a tiré.

Où en était donc l'Europe avant avril? où en est-elle aujourd'hui?

Deux grandes questions la préoccupaient et la préoccupent encore : le délabrement de la Porte ottomane, la guerre civile de la Péninsule.

En Angleterre, lord Grey a cédé à lord Melbourne, sans avantage pour personne, ses rudes assauts contre l'aristocratie, et sa frayeur contre le mouvement trop accéléré de la réforme.

En Suisse, même lutte et même impuissance contre les cantons que la Prusse agite et ceux que l'esprit national maintient dans les voies de la démocratie.

Tout le reste de l'Europe languit hébété sous les pavots de cette politique louche et bâtarde qui couve sans cesse les plus mauvais desseins et qui les voit toujours avorter avant d'éclore.

Temps des intrigues, ère ridicule des protocoles, des congrès, des alliances [triples et quadruples! vaines menaces, tentatives sans vigueur, efforts perdus, c'est tout ce que nous avait montré

1

l'Europe pendant 4 ans ; c'est là que nous la retrouvons encore.

Mais le pouvoir de France du moins n'a-il pas affermi sa puissance ? La royauté n'a-t-elle point écrasé tous ses ennemis ?

Voyez ces élections, où pas un républicain n'a été nommé ; voyez cette chambre ardente qui, dans ses premières séances, semble avoir voulu dépasser son aînée, si riche pourtant de médiocrités et de fureurs. Je l'avoue sans peine, c'est là un produit de la défaite d'avril, je devrais dire un de ses bienfaits. A mes yeux, la chambre actuelle sera pour les événements de Lyon ce que l'état de siége fut aux 5 et 6 juin : une réaction haineuse, aveugle, acharnée, qui, dans ses emportements contre les partis qui la gênent, se jettera sur toutes les libertés publiques et en fera litière à la monarchie.

Une adresse équivoque ne change rien à des situations nécessaires. Le monopole électoral, interrogé par la dynastie le lendemain de sa victoire, a répondu en envoyant tout ce qu'il y avait de plus vulgaire en intelligences, de plus violent en exaltation. Il a voulu qu'il n'y eût guère à la chambre qu'une majorité dynastique et une opposition dynastique. Tant mieux : car c'est par là que la direction de la nouvelle assemblée est fatale, et par là seulement qu'elle peut être utile.

Il faut autre chose que des doctrines à notre nation pour l'éclairer sur ses propres intérêts ; il faut qu'elle sente l'aiguillon du despotisme et de la force.

Elle ne nous a pas crus quand nous lui disions que la pensée immuable s'attaquerait à toutes les conquêtes du passé : elle l'apprendra par expérience. Elle a traité de turbulence et de folie les combats généreux de ceux qui se dévouaient, au péril de leur fortune, de leur vie, à la défense de la presse et de la liberté individuelle, du droit sacré d'association. Elle a laissé emporter sans presque s'émouvoir les premières digues qui arrêtaient la contre-révolution débordante; elle s'est crue en sûreté parce que les ravages l'avaient à peine touchée elle-même : il faut qu'elle apprenne jusqu'où ces eaux impures peuvent jeter leur fange.

C'est la cause des républicains que la majorité et le pouvoir ont prise en main désormais; c'est la justification de leur conduite qui commence : elle sera complète, car il y a aussi une logique inflexible des passions.

Ce n'est pas une chaîne rompue qui lie ensemble tous les intérêts, tous les droits, toutes les libertés. Les garanties enlevées aux plus hardis sont des garanties perdues pour les plus timides. Il y a bien long-temps que les théories et l'expérience ont démontré cette vérité; il faut qu'une expérience nouvelle vienne la démontrer encore, et le travail s'en fera au sein de la législature qui a commencé.

Tournons-nous maintenant vers l'autre côté des choses présentes, et voyons si, en face des forces organisées que la contre-révolution fait mouvoir, la révolution ne peut pas retrouver aussi ses propres forces.

Ici aussi nous rencontrerons une pensée immuable qui agite et fait mouvoir ce corps immortel. Comptons bien.

En Espagne, à côté de Don Carlos qui attaque et du juste-milieu qui se défend, les partisans des cortès et de la constitude de 1812; — En Angleterre, en-dehors des tories et des whigs, les radicaux, leur armée nombreuse d'ouvriers et leurs unions si puissantes; — Auprès de l'Autriche, l'Italie; — Auprès de la Prusse, l'Allemagne; — Auprès de la Russie enfin, la Pologne, que je nomme la dernière, et qui pourtant se réveille la première aux grands souvenirs du passé, aux nobles espoirs de l'avenir.

Toutes ces forces sont dispersées et non détruites. Mais le même flambeau les éclaire, la même foi les anime, et toutes elles ont reçu le baptême des combats et celui des sacrifices.

Chez nous enfin, en face d'un système d'égoïsme et de corruption, l'humanité s'est réservé une génération tout entière, prompte au courage, dure aux fatigues et aux privations, ardente, ferme, passionnée, indomptable; révolutionnaire par ses croyances, par ses besoins, par ses idées, par ses traditions. Laborieuse, elle nourrit le pays; dévouée, elle le relève; artiste, elle l'éclaire; infatigable à l'œuvre de régénération politique et morale dont l'Europe se sent intimement travaillée, elle y dépense avec constance et désintéressement sa jeunesse, son énergie, son activité bouillante. Elle marche en tête de cette puissante et trop nombreuse race de prolétaires qui, seule, au milieu de la dégradation et du crétinisme des classes moyennes, conserve cette probité, ce sens exquis de l'honneur et de la foi publique, cet amour austère et brûlant de la justice, toutes les vertus enfin qui creusent avec vigueur les sillons où doivent germer et mûrir toutes les semences du perfectionnement individuel et du progrès des masses.

Eh! que nous importe à nous, soldats de l'avenir, le bruit qui se fait autour des trônes! Parce qu'on a versé du sang dans les rues, parce qu'on a égorgé les femmes et les enfants dans une maison inoffensive, parce qu'on a brûlé les habitations, dévasté les quais et les places publiques d'une grande ville, il leur plaît d'appeler cela une victoire.

Mais les pouvoirs qui ont précédé celui-ci n'ont-ils pas eu leurs victoires aussi ? En fait de massacres, les royautés sont condamnées à être plagiaires, et les peuples n'ont guère que l'embarras des souvenirs.

Mais le nôtre n'oubliera rien. En 1830, l'assassinat de Ney, de Brune, de Ramel, toutes les fureurs de 1815 furent présentes à sa mémoire ; elles frayèrent la route de l'exil aux aînés. En 183..., il n'oubliera ni Lyon, ni la rue Transnonain, ni les assassinats de la place de la Bourse, ni les meurtres de la police à Marseille ; et malheur à qui ces souvenirs serviront d'escorte !

Laissons donc le système actuel achever paisiblement sa fonction. Laissons-le creuser encore un déficit de 800 millions, outrager les lois, trafiquer de l'honneur du pays, afficher avec impudence ses spéculations sur les nouvelles télégraphiques, gagner des pots-de-vin sur les bateaux à vapeur et sur les vaisseaux de papier, renouer toutes les intrigues de la restauration auprès des colléges électoraux, jeter sa police au milieu des populations pour exciter et tuer les citoyens, poursuivre la presse avec rage, énerver et corrompre l'esprit public : toutes ces choses sont providentielles ; c'est la traînée de poudre qui conduit à la mine, et qui fera sauter ce qui est au-dessus.

Quant à nous, si nous avons pris la plume, ce n'est ni par le besoin de combattre ni par l'espoir de vaincre. Il est des moments où les peuples fatigués semblent regarder les convictions fortes comme un égarement, et traitent alors l'énergie de la conscience comme la passion de la colère.

C'est alors surtout qu'une opinion franche et populaire a besoin de se montrer dans toute son inflexibilité : car alors le sentiment du progrès, l'instinct de l'avenir, semblent se révéler avec d'autant plus d'ardeur qu'ils sont plus délaissés et plus solitaires. Alors aussi le devoir s'ennoblit de toutes les haines qu'il soulève, de tous les périls qu'il entraîne ; et il recevrait au besoin même un nouveau lustre des ingratitudes méprisables que la lâcheté ou l'abattement ne manquent jamais de semer autour de ceux qui ne savent ni changer ni fléchir.

ARMAND MARRAST.

Ste-Pélagie, août 1834.

VINGT JOURS

DE SECRET,

OU

LE COMPLOT D'AVRIL.

I.

SECRET DE LA PRÉFECTURE DE POLICE.

Il y a aujourd'hui huit jours, plus de cinquante mille hommes étaient appelés autour de Paris, les canons s'avançaient mèche allumée ; toutes les ressources d'une grande nation et d'une grande armée étaient employées à cerner et à menacer quelques petites rues de la capitale, où quelques barricades élevées, on ne sait par qui, ont été défendues par un extrême petit nombre d'hommes jeunes, ardents et braves, exubérance incandescente du seul parti qui, en Europe, sait se battre et mourir pour son opinion.

Combien de mensonges et de calomnies! quelle interminable séries d'absurdités insultantes le pouvoir a debitées ou fait débiter par ses organes! L'outrage est fils de la lâcheté.

Les débats du procès que la cour des pairs instruit avec tant de peine éclairciront sans doute le mystère de la première barricade, commencée et achevée paisiblement dans la rue Saint-Martin, non loin de la garde municipale et sous l'œil d'une grande quantite d'agents de police.

Mais ce qui ne sera jamais expliqué par personne, c'est le jour et l'heure de ce prétendu engagement entre les républicains et le pouvoir.

On savait à Paris depuis quatre jours le combat de Lyon, combat acharné et dont les chances étaient douteuses. Cependant le parti qu'on appelle impatient n'agit point le jeudi, lorsque le télégraphe était muet ; ni le vendredi, quand le silence du ministère durait depuis vingt-quatre heures ; ni le samedi, quand le discours d'un ministre à la chambre avait jeté l'épouvante et la consternation dans tous les rangs, quand cette émotion soudaine de la peur avait montré dans les centres eux-mêmes combien est malléable cette fidélité qni aurait cédé devant la première sommation.

On attaque le dimanche, quelques instants après que toute la ville est pleine du bruit d'une dépêche télégraphique rassurante, un jour où le roi vient de passer en revue et d'exciter personnellement les troupes ; c'est alors et alors seulement que des barricades sont construites sans que nul s'y oppose, et pour donner à une armée le divertissement d'un assaut facile et à une population le spectacle d'une barbarie dont il n'y avait pas eu d'exemple depuis deux siècles.

Ah ! il y avait ici des gens plus pressés que le parti républicain. Lyon tenait encore ; la Bourgogne était chancelante ; Saint-Étienne n'avait eu qu'un commencement d'hostilité, et ce feu mal éteint pouvait reprendre : une victoire rapide et sûre à Paris comprimait tout. Il fallait donc tout compromettre en précipitant les choses.

La police de provocation n'a jamais été ni plus impudente, ni plus nombreuse, ni plus exaspérée ; c'est elle qui exalte et qui passionne les jeunes gens sincères. Est-ce que trois agents comme ceux qui plusieurs fois déjà se sont chargés de piller des boutiques d'armuriers ne peuvent pas faire des barricades, assurés qu'ils sont de trouver des jeunes gens courageux et aveugles qui donnent ensuite dans le guet-apens ?

Il n'en a pas fallu davantage. — Nous retrouverons, j'espère, les hommes qui ont été vus les premiers à l'œuvre ; nous suivrons cette trace d'ordures que l'immonde police laisse toujours après elle et que le pouvoir vient ensuite laver avec du sang. — L'infamie retombera sur les infâmes, et l'assassinat sur les assassins.

Nous devions nous attendre, nous, que ce serait encore là une occasion de nous persécuter et de se venger de notre franchise. Mais qu'importent des douleurs privées au milieu de tant de calamités publiques ?

Ce qui importe à la France, c'est de compter, si

elle l'ose, les victimes entassées les unes sur les autres depuis quatre ans. Il semble que dans cet enfantement misérable du 7 août elle ait à jamais ouvert ses propres entrailles, et qu'elle soit condamnée à verser le plus pur de son sang au profit d'un système réduit à se faire tous les six mois un lit de cadavres.

Qu'il s'étende donc à l'aise sur cette couche, qu'il ait la voix haute, et que toutes les monarchies de l'Europe tressaillent de joie : elles ont trouvé ce qu'il fallait à leur frayeur et à leur haine, un pouvoir qui décime l'une par l'autre les deux fractions redoutables du pays, l'armée et le peuple !.....

Louis-Philippe fait passer de bien bonnes nuits à ses cousins.

II.

LA COUR DES PAIRS.

J'ai été arrêté à dix lieues de Paris, conduit, par une chaleur étouffante, de brigade en brigade, au milieu des populations oisives du dimanche, après avoir échappé non sans péril à une exaltation d'ivrognes auxquels on avait persuadé que j'étais l'assassin de M. Baillot, propriétaire d'une maison de campagne voisine de celle où l'amitié m'avait offert un asyle. Arrêté sans mandat, il a fallu que je vinsse à la préfecture de police pour qu'on m'en signifiât un.

Mais qu'est-ce que tout cela fait à la cour des pairs? Cette cour était représentée là par son président, M. Pasquier, et par neuf autres habits brodés sous lesquels j'ai reconnu M. Decazes, M. de Bastard, M. de Trévise et M. Montalivet.

Il faut que je consigne un fait curieux et qui donne toute la mesure de cette prétendue gravité judiciaire qui a l'air de prendre son impartialité au sérieux.

Avant de m'introduire dans la salle d'audience, on m'avait conduit *trop tôt* dans la chambre contiguë, et là j'ai pu entendre ces messieurs prendre leurs ébats sur mon compte, et s'exprimer sur un accusé avec une liberté plus grande que sur un coupable. Je n'en ai pas perdu un mot. Ce prologue n'a pas peu ajouté à mon respect bien connu et bien profond pour toutes les iniquités politiques décorées du nom de justice.

M. Pasquier m'accuse de provocation au renversement du gouvernement, d'attentat contre l'autorité royale, et de cinq ou six crimes dont le plus léger entraîne la peine capitale.

J'ai dû répondre fort dédaigneusement et avec quelque hauteur à cet interrogatoire. Ce n'est pas de mon plein gré que les immunités de la presse, si faibles déjà, seront jamais entamées. Ils se sont vengés en m'envoyant au secret, à Sainte-Pélagie.

Malgré moi d'ailleurs, et au seul aspect de ces hommes, ma poitrine se gonflait d'indignation, en songeant à la cause qu'ils soutiennent.

Tout le passé m'apparaissait, et chacune de ces

têtes chauves s'encadrait à mes yeux entre ces deux
chiffres : 1815 et 1830.

Quel amalgame que cette pairie ! On dirait que
le demi-siècle qui s'achève, ce fleuve immense, si
bouillonnant, si rapide, si boueux, si agité, a passé
tout exprès devant le Luxembourg pour y déposer
sa vase ou son écume, après avoir emporté dans
l'abyme tout ce qui avait dominé son cours, sur-
monté ses vagues et rendu son lit plus large et plus
beau.

Je voyais là de vieux soldats de la république, des
courtisans de l'empire, et côte à côte les favoris de
deux Bourbons !

Leur système est évident : Lyon, Paris, Saint-
Etienne, Châlons, obéissaient à la même impulsion ;
la Tribune tenait le drapeau et a sonné la charge ;
le corps de bataille était dans la société des Droits
de l'homme ; les principaux organes de la presse dé-
partementale répétaient le mot d'ordre ; le complot
était organisé partout.

Ainsi, compromettre à la fois, dans les mêmes
événements, la presse et les associations ; étouffer
l'une et tuer les autres ; réduire ainsi au néant l'opinion républicaine, et se venger, chemin faisant, de
tant de vérités incommodes : tel est le plan du pouvoir.

Toute la commission m'en a paru imprégnée. La
présence de M. Montalivet parmi les juges est une
nouvelle preuve du peu de pudeur de nos gouver-
nants. Il a pu dans mes réponses prendre pour lui
ce qui lui revenait. Il est certain cependant qu'il ne
m'a fait aucune question. C'était prudence de sa

part, car j'aurais refusé de lui répondre; le dédain était mon seul moyen de récusation, je n'aurais pas manqué d'y avoir recours.

Leur plan est faux, et tombera de lui-même, pour peu qu'il y ait place en ce monde pour la vérité.

Mais tous les instruments d'un pouvoir de transition servent les voies secrètes de l'avenir; dans cette lutte entre les vainqueurs et les vaincus il y a quelque chose de plus noble et de plus haut qu'une procédure de la cour des pairs.

Toutes les institutions expirantes n'ont cédé la place qu'après avoir couvert de ruines le sol qu'elles occupaient.

Il a fallu que les rois et les peuples unis ensemble écartelassent pour ainsi dire la féodalité, et cette œuvre a duré plus de deux siècles.

L'aristocratie cléricale et la noblesse ont fait payer bien cher leur agonie.

Et voilà plus de cinquante ans que la royauté est minée de toute part, et qu'elle ensanglante l'Europe!

Aussi, pendant que nos accusateurs, accroupis à toutes les exigences d'un présent honteux, parleront de l'ordre public, au nom de leurs intérêts égoïstes, nous parlerons, nous, de l'ordre social, au nom de la justice et de l'humanité.

Ah! c'est alors que nous verrons de quel côté sont les barbares et les lâches.

Sous le soleil de la publicité, nous évoquerons à notre tour tous les crimes commis impunément depuis 1830, crimes si dignement couronnés par ces orgies récentes du meurtre et du massacre, qui viennent d'ajouter une nouvelle page hideuse à cette histoire du 7 août, si riche déjà de pages tachées de sang.

Nous le montrerons dans toute sa gloire, le principe monarchique, dont l'instinct de conservation épuise les plus belles richesses et dévore les plus nobles espérances du pays.

Il nous faudra savoir enfin combien de temps les peuples souverains voudront conserver leurs minotaures et les nourrir suivant leurs besoins.

Enfants d'une génération régicide, nous avons mieux à faire qu'à détruire. La voix du temps commande de réédifier : car de toute part la société se délabre, toutes les intelligences le crient de concert; la foi s'est retirée des pouvoirs de la terre ; toutes les boussoles ont été brisées; plus d'idées communes, plus de croyances, plus de vérité; le droit semble marcher avec la victoire et la victoire avec l'immoralité ; la conscience publique fléchit, la conscience privée ose à peine se montrer courageuse.

Au milieu de cette prostration générale des esprits et des cœurs, un seul parti lève la tête et glorifie d'avance la foi politique et sociale qui sauvera les nations.

Depuis quatre ans on le décime, et il grandit toujours ; on croit l'avoir vaincu, et il se relève plus ardent. La monarchie raffine les persécutions contre les hommes; et quand elle espère avoir pompé goutte à goutte tout ce qu'il y avait en eux de force et de vie, il se trouve qu'elle a doublé la vitalité de leurs idées, et que ce venin qui corrode toute royauté circule avec une activité plus pénétrante et plus chaude.

Tout ce qu'on a fait depuis quatre ans pour anéantir cette pensée républicaine qui plane sur toute
l'Europe et qui en prépare la transformation n'a
fait que rendre cette transformation plus sûre et
donner à cette pensée plus d'autorité sur le monde.

Les sympathies préparent les convictions. Nos
ennemis ont dit : « Ce sont des insensés ; » mais les
peuples regardent avec intérêt des insensés qui savent souffrir et mourir pour leur folie.

Ils ont dit : « Ce sont des lâches ; » et les peuples
s'étonnent quand ils voient que les lâches sont à
peine cent contre dix mille.

Ils ont dit enfin : « Ce sont des assassins; » et le
peuple de France dira : Non , ce ne sont pas les républicains qui égorgent des enfants , des vieillards,
des femmes, des citoyens inoffensifs ; *qui passent par
les armes* des prisonniers sans défense, qui torturent
la douleur jusqu'au désespoir, et, non contents d'a-
voir forcé un homme à se jeter à l'eau du haut d'un
pont, viennent attendre sur le bord que ce demi-
cadavre passe pour l'achever à coups de fusil.

Et le peuple piémontais dira : Ce ne sont pas les
républicains qui font fusiller par derrière !

Et le peuple italien se rappellera que Menotti et
ses compagnons n'avaient pas pour bourreaux des
républicains.

Et l'Espagne se souviendra du guet-apens royal
qui a ouvert la tombe de Riégo , de Torrijos et de
tant d'autres suppliciés.

Et l'Allemagne fera le martyrologe de ses victimes
tombées sous la hache des monarchies.

Et toute l'Europe maudira la royale main qui a

enfoncé ses ongles dans les entrailles de la Pologne.

Et tous les peuples diront : Ces lâches et ces barbares ne sont pas des républicains.

Le parti de l'avenir, quoique vaincu, porte dans sa défaite toute la grandeur d'une destinée qui a de longs jours ; le parti du passé, quoique vainqueur, étale dans son triomphe même toutes les violences du désespoir.

III.

SECRET DE SAINTE-PÉLAGIE.

Me voici dans une petite chambre longue de six pieds, large de cinq, et placée immédiatement sous le toit. C'est la 3e fois que je déménage. On m'avait mis d'abord dans une salle basse, humide, infecte, assez près cependant des autres prisonniers pour que je pusse entendre leurs plaintes. L'arbitraire ne fut jamais poussé plus loin : les arrestations se sont faites au hasard et par masses, les uns n'ont point été interrogés après seize jours, les autres ont été pris chez eux sans savoir pourquoi, presque tous ont été maltraités. Huit rédacteurs de *la Tribune* sont en prison pour un article qui ne peut avoir pourtant huit auteurs. Trois autres jeunes gens, qui nous sont parfaitement étrangers, expient par la prison le malheur d'être venus un soir au bureau du journal.

Par une habileté qui lui est familière, la police

s'est emparée de M. Sarrut, que des travaux parti-
culiers tenaient entièrement étranger à la rédaction
de la feuille ; du jeune et laborieux Duchâtelet, voué
avec tant d'ardeur aux travaux de l'Académie des
Sciences; et des écrivains qui sont chargés de la
médecine et de l'économie politique (1).

La cour des pairs le sait, et les retient , je ne dis
pas sans raison , mais même sans prétexte.

Il y a des moments où dans une organisation faite
à rebours tous les pouvoirs rivalisent d'impudeur !
on a le sentiment interne de son iniquité , on s'y
complaît et on la continue.

Ces hommes qui ont tant crié contre la terreur,
ils la répètent avec l'audace de moins et l'hypocrisie
de plus. Les voilà qui fouillent la France d'un bout
à l'autre. Le même télégraphe qui a naguère trans-
mis des *ordres impitoyables* voiture maintenant
dans les airs des mandats de perquisition , d'arres-
tation préventive; il va troubler les foyers les plus

(1) Ce sont MM. Gervais (de Caen) et Plaigniol.

Après deux mois de prévention, on a rendu à la liberté MM. Sarrut , Rivail et Duchâtelet. Mais , par une iniquité plus grande encore , on relient toujours MM. Gervais et Plaigniol. Il ne faut pas demander une raison à l'arbitraire ; mais au moins pourrait-on exiger ,
s'il est brutal , qu'il ne soit pas niais. Quant à M. Mie , il a échappé
heureusement à ses ennemis. Si le courage patriotique doit en pro-
curer beaucoup , personne n'en mérite plus que lui , car dans toutes
les occasions il a montré l'indépendance d'un noble cœur. La brutalité du pouvoir a pu détruire sa fortune, elle n'a fait qu'ajouter à
l'estime , à la reconnaissance, qu'éprouvent pour lui tous les écrivains
qui ont été à même d'apprécier la dignité de son caractère et de sa
conduite.

calmes, apprendre à des villes surprises qu'elles se sont révoltées !....

Ah ! par pitié, donnez donc un complot à cette monarchie impatiente.

Prouvez-lui que, dans les villes les plus importantes de France, le malaise des populations et le progrès des intelligences ont formé un foyer de conspiration, où s'est allumé cet incendie révolutionnaire si difficile à éteindre. Multipliez les ennemis, rassemblez-les sous un même drapeau ; que cette poignée de factieux, dont le juste-milieu parlait avec dédain, devienne tout à coup une armée formidable.

Ne faut-il pas à M. Soult ses trois cent soixante mille hommes ? à M. Thiers, ses cinq millions de fonds secrets ? à tout le ministère, des élections où sa majorité se retrempe et lui apporte des dispositions favorables aux lois d'exception ?

La tranchée a été ouverte, et la liberté de la presse a senti les premières dents de la monarchie ; le jury a été attaqué dans son indépendance, et la parole même émanée de la tribune n'est plus assurée de l'impunité.

Les voies sont frayées, et le pouvoir peut poser le pied sur ce terrain qui ne brûle plus, car le volcan qui a fumé trois jours n'a déposé sur le sol qu'un minerai crasse et figé, où la monarchie peut essayer ses germes.

Il faut donc un complot aux circonstances actuelles : si ce complot n'existe pas, quelle excuse pour tant de brutalités ! s'il n'existe point, quels mensonges que toutes les déclamations ministérielles ! s'il n'existe point, quel ridicule que cette irréflexion du conseil qui investit la cour des pairs d'une affaire dont la cour d'assises aurait pu connaître mieux qu'elle.

Mais pendant que M. Martin (du Nord) dresse son acte d'accusation, dressons aussi le nôtre : le public les jugera tous deux.

IV.

A LA COUR DES PAIRS.

Messieurs les pairs,

C'est un complot que vous cherchez, c'est un complot que je vous apporte.

Provocation, injures, concert d'agir, longue succession d'efforts pour renverser le principe du gouvernement et armer les citoyens les uns contre les autres, tels sont les crimes que vous demandez vainement aux ténèbres d'une conspiration.

Tous ces crimes ont été ourdis à la face de la France, et vous les avez vus s'accomplir à la lumière du jour.

Pourquoi donc vous épuiser à coordonner des effets, quand vous méconnaissez la cause, qui est flagrante ?

La voix des provocateurs vous est familière ; les calomnies, les excitations exaspérantes qui ont semé les haines et fait éclater les passions, vous ont été révélées plus d'une fois.

Confidents de tant d'épanchements, vous ne serez pas surpris que nous venions vous dénoncer les vrais coupables; mais vous ne les punirez pas, car la cour des pairs n'est redoutable que pour les puissances tombées.....

En attendant, tous les risques sont pour nous, soldats d'une cause battue un jour, et qui a pour elle la raison, le temps, le peuple; pour nous, que vous tenez en votre pouvoir, et que votre glaive peut frapper sans rencontrer d'obstacle.

Cette considération n'enlèvera rien à notre énergie. Nous n'avions pas besoin de cette dernière expérience pour comprendre tous les périls de la position que nous avons acceptée; et vraiment il y a peu de mérite de notre part à subir vos rigueurs, ou à défier vos sentences.

Justes, nous ne les craignons pas; injustes, elles nous honorent.

Oui, messieurs, je vous dénonce un complot tendant à renverser le principe du gouvernement.

Quel est ce principe? Est-ce la monarchie? Mais il y a quelque chose qui a précédé la monarchie actuelle, qui l'a constituée et qui la domine...: c'est la charte...

Et la charte elle-même est-elle le principe du gouvernement? N'y a-t-il rien d'antérieur et de supérieur à elle?

Evidemment avant elle il y a ceux qui l'ont faite; et au-dessus d'elle, il y a le droit en vertu duquel on l'a faite. Or, ceux qui l'ont faite se sont dits les mandataires de la nation, et le droit en vertu duquel ils ont agi a été proclamé par eux au frontispice de la charte : c'est la *souveraineté du peuple.*

De même donc que la monarchie est conditionnelle par rapport à la charte, de même la charte est conditionnelle par rapport à la souveraineté populaire.

Celle-ci dure, et dure seule, par cette grande raison qu'elle ne peut être immobile, que sa nature même la fait variable et progressive.

En toutes choses, l'éternité de ce monde n'est pas le repos, c'est le mouvement.

Il y a un parti qui veut sacrifier le principe aux formes accidentelles qu'il reconnaît émanées de lui.

Il y en a un autre qui veut défendre ce principe aux dépens, s'il le faut, de ces formes, quand elles en gênent le développement et l'application.

Le premier a pour lui l'énorme puissance d'une armée, d'un budget, de toutes les forces nationales organisées pour l'obéissance.

Le second est nu, désarmé, n'ayant pour agents que ses doctrines, pour moyen de défense que le sentiment de ses droits, et pour sanction de ses idées que l'abnégation personnelle, qui pousse le dévoûment jusqu'au plus entier sacrifice.

Le premier se nomme le parti monarchique,

L'autre le parti républicain.

L'un qui veut se conserver à tout prix, et qui

dispose, à cet effet, du pouvoir de la loi et du secours des baïonnettes ;

L'autre qui demande à se faire connaître du
pays, et qui n'oppose aux majorités parlementaires
que la presse et le droit de discussion.

Et au-dessus d'eux, la nation, qui doit finir le
combat.

Mais, pour qu'elle puisse terminer le différent, il
faut que l'un et l'autre soient également entendus.

La monarchie a déjà dans les mains tous les
moyens que le parti républicain peut mettre en
usage, indépendamment des avantages infinis que
lui donnent le pouvoir et le cortège qui l'environne.

Ainsi donc, pour qu'elle puisse avoir tort aux
yeux du pays, quelle innombrable accumulation de
fautes elle doit commettre ! ou plutôt, de quel vice
radical et incurable il faut qu'elle soit travaillée !

Que demande le parti républicain ? la liberté de
la discussion orale et écrite, la presse et les associations..., le droit de tous, le droit organique de toute
société régulière.

Depuis les 5 et 6 juin, voyez la conduite de ce
parti. Il s'est conformé pour la presse à toutes les
formalités de timbre, de visa, de cautionnement, etc.;
pour les associations, il a subi l'article 291, que la
monarchie elle-même avait condamné.

Depuis cette époque, dira-t-on qu'il n'y a pas eu
une foule d'occasion où les emportements les plus
naturels semblaient être légitimés par les violences
du pouvoir.

Qu'on se rappelle l'anniversaire de juillet, les
forts détachés, le procès de *la Tribune*, le convoi de

Dulong, et tout récemment encore l'ignoble attentat des assommeurs !

A chacune de ces occasions le parti républicain
a-t-il couru aux armes ? Non, car les moyens légaux
lui restaient.

Voulez-vous compter maintenant les persécutions
tracassières de tous les agents monarchiques ? La
presse traquée de toute part, des saisies et des procès multipliés sans pudeur ; les conspirations les plus
risibles inventées et traduites gravement devant le
jury, qui s'en est indigné ; les détentions préventives
venant frapper à chaque occasion une foule de républicains ; les visites domiciliaires répétées au gré
de la police, de manière à fatiguer les plus dures pa-
tiences ; les réunions les plus paisibles dissipées
brutalement.... Cherchez dans l'arsenal du pouvoir
une arme si vieille, si usée, si rouillée qu'elle soit,
dont il n'ait fait usage dans ses provocations de détail.

A-t-il éprouvé quelque résistance violente ? Non,
le parti opposait à tout cela les plaintes de la presse ;
plus on le poursuivait, plus il répandait son influence, plus il resserrait ses rangs.

Cependant ce parti grandissait toujours, et ce fut
alors qu'on commença à s'écrier : *La légalité actuelle
nous tue.* Il faut employer le budget à corrompre,
les majorités à fabriquer l'oppression, et la force
brutale à soutenir la volonté des majorités.

Je ne dis là rien, messieurs les pairs, que vous ne
sachiez comme moi. Vingt discours différents en ont
contenu l'expression plus ou moins déguisée, et la
suite est venue les mettre à exécution. On n'a dissi-

mulé ni ses intentions ni ses espérances. On savait qu'on avait affaire à un parti brave, on était résolu à le conduire de provocations en provocations jusqu'à un combat inégal. Est-il une injure, une calomnie, qu'on lui ait épargnée? Ce parti n'était composé que de *pillards!*...... Malgré l'éclatant démenti donné par un citoyen à un magistrat en pleine audience, on n'en parlait pas moins de la *loi agraire* comme du dernier mot des républicains. Un ministre disait qu'ils ne se recrutaient que de gens *tarés et perdus de dettes;* un autre, qu'ils n'y avait en eux qu'*horreur et imbécillité....* Et de même que tout à l'heure je vous défiais de trouver un abus de pouvoir dont ils ne se soient pas rendus coupables, je vous défie aussi de chercher un abus de parole dont ils aient été innocents.

V.

SUITE DU COMPLOT.

Messieurs les pairs, quand j'énumère toutes les aggressions du pouvoir, vous avez peut-être présente à l'esprit cette pensée (c'est un argument que la force a bien souvent reproduit), que c'est le gouvernement qui s'est défendu contre les attaques de ses ennemis.

Ainsi, quand la presse républicaine présentait la monarchie comme un élément de ruines et de désordres, le gouvernement avait recours à la violence.

Quand les associations persuadaient au peuple que la monarchie est impuissante à réaliser les améliorations que l'état social commande, le gouvernement s'emportait contre les associations.

Quand toutes les voix libres s'élevaient de concert pour reprocher à notre politique extérieure sa honte et sa lâcheté; quand les hommes éclairés publiaient que le 7 août ne peut, à aucun titre, maintenir et continuer la mission civilisatrice que la France remplit en Europe depuis douze siècles;

Quand on concluait enfin que, par toutes ces causes, la monarchie actuelle était le dernier essai possible de monarchie, qu'après elle la forme républicaine devait être le refuge des peuples, et que le travail des générations avait à briser ce moule impur d'où doit sortir la nouvelle chrysalide;

Alors le gouvernement prenait tous ces faits, tous ces raisonnements, toutes ces prévisions, pour des attaques.

Il permettait la discussion; mais il voulait parquer l'intelligence dans la charte des 219 et dans la dynastie d'Orléans.

Or, limiter ainsi la discussion pour les républicains, c'était la détruire. Dire en effet qu'on est républicain, c'est dire qu'on est hostile au pouvoir monarchique, et par conséquent à la charte; permettre donc à l'opinion républicaine de tout discuter, sauf la monarchie et la charte, c'est lui défendre de se montrer telle qu'elle est, c'est l'étouffer.

Etouffer une opinion quelconque, c'est porter la plus rude atteinte à la souveraineté populaire.

Eh oui ! le partie républicain est hostile à la monarchie, sous peine d'être lui-même inconséquent et absurde.

Toute sa conduite se résume dans ce peu de mots :

Le peuple a besoin d'améliorations dans toutes les conditions de son bien-être.

L'Europe entière, travaillée depuis cinquante ans par les idées françaises, sent dans toutes ses veines circuler le besoin d'une régénération nouvelle, et ses yeux se tournent vers la France.

Telles sont les deux tendances principales de l'intérieur et de l'extérieur.

Or, la monarchie n'en peut satisfaire aucune : il faut donc indiquer aux nations que le temps est venu où elles s'appartiennent, que l'époque des dynasties est à jamais passée, et que tout pouvoir qui a pour but unique de fonder une dynastie est en opposition nécessaire avec le mouvement naturel des sociétés, que par conséquent sa vie sera courte, que sa durée est un mal, sa chute un bien, et que, pour n'être pas surpris par les événements, il faut les prévoir et s'y préparer.

La presse et les associations n'ont eu ni autre pensée, ni une autre conduite.

Je défie qu'on nous cite un *acte* menaçant... Des paroles et des doctrines ne sont pas des coups de fusil; et le parti républicain, dont on a tant gourmandé l'impatience, a souffert ce que ne supporta jamais l'opposition parlementaire sous la restauration.

VI.

SUITE DU COMPLOT.

Quand le pouvoir a vu que les provocations de détail étaient insuffisantes, il est venu attaquer le parti jusque dans l'exercice du droit commun.

Ainsi les républicains avaient fondé une société pour l'instruction du peuple ; on y enseignait l'écriture, le calcul, la morale, l'hygiène, toutes choses venimeuses ! on a fermé les cours, interdit la société, et quelquefois même arrêté les professeurs.

Les républicains avaient encore la presse pour parler aux prolétaires ; le pouvoir en usait de son côté bien largement : l'ignoble police a commencé par publier toutes sortes d'obscénités et d'ordures, et le pouvoir, s'appuyant sur ses propres infamies, est venu confisquer la presse à un sou et monopoliser le colportage.

Dès ce moment, on ne déguisa plus l'intention qu'on avait *d'en finir* avec les républicains. Plusieurs fois à la tribune on leur dit qu'on les attendait dans la rue. On n'avait pas besoin de loi contre la liberté indiduelle : quatre années de police ont prouvé que le code suffit à toutes les exigences de la haine et de la passion. — On n'avait pas même besoin encore d'une loi contre la presse quotidienne : le parquet avait démontré comment on arrive à la confiscation avec les lois existantes.

Mais on avait besoin d'une loi contre les associations. On est donc venu étendre l'article 291 ; on a pris le parti républicain dans son ensemble , on lui a défendu toute communication régulière et permanente; on a proscrit par la même mesure tous les rapports entre des idées, des besoins, des intérêts communs. On a dit aux ouvriers de Lyon associés pour vivre : Vous ne vous associerez plus , c'est-à-dire vous ne vivrez plus. L'industrie, la religion, la littérature , les sciences , tout ce qui est humain a été enveloppé dans cette interdiction. Sous aucun prétexte il ne peut être permis à trois hommes de réunir leurs pensées sur un objet quelconque, ou matériel ou intellectuel , si ces hommes appartiennent à une opinion hostile au pouvoir ; et comme ici la loi ne distinguait pas , elle frappait en même temps tous les citoyens ; elle frappait ceux-là surtout qui, n'ayant ni richesses ni crédit , ne peuvent rien tout seuls et ont besoin d'exister au milieu d'associations permenentes.

Or, pendant que la loi était présentée, la *Gazette d'Ausbourg,* le *Journal de Francfort* , et toutes les gazettes absolutistes, battaient des mains et promettaient à Louis – Philippe les caresses des rois de l'Europe ; mais elles annonçaient aussi que la loi serait impuissante tant qu'on n'aurait pas *enlevé les délits politiques au jury et muselé la presse.*

Il était évident que le programme de l'étranger serait suivi , et la session prochaine justifiera toutes les espérances. Là bas, la volonté; ici , l'obéissance.

Que devait-il arriver ? c'est que les hommes qui savent combien les classes éclairées sont égoïstes devaient attendre, avant de résister à une loi flétrie dans la discussion, que cette loi vînt les atteindre, ou que le pouvoir dans ses envahissements progressifs vînt faire brèche à d'autres libertés.

Ceux qui pouvaient attendre ont attendu !...

Mais les ouvriers dont l'association était le seul refuge, mais ceux qui étaient liés par des engagements d'honneur à maintenir ce droit, qui était leur vie, ceux-là n'ont pas attendu...

C'est à Lyon que le mouvement a eu lieu, et non à Paris ; à Lyon, ce centre du travail, où les souffrances du prolétaire sont plus vives, où tous les impôts de consommation le pressurent, où déjà des luttes avaient entravé l'industrie et ne s'étaient calmées que par des transactions passagères.

Ainsi donc, dans ce duel entre le parti républicain et le pouvoir, il ne faut pas examiner seulement lequel des deux a porté la première botte quand on avait déjà les armes à la main.

Il s'agit de savoir de quel côté se sont trouvés les fautes et même les crimes, pour amener les adversaires en présence.

Veuillez récapituler, messieurs, tout ce que vous avez entendu depuis trois ans.

Mais je me trompe : pour que je pusse poser la question, il faudrait que j'eusse affaire à des juges désintéressés, et vous ne l'êtes pas.

Heureusement l'opinion publique a aussi dans les mains les pièces du procès. — Elle se rappellera donc cette longue suite de vexations accumulées

depuis si long-temps contre le parti ; procès innom-
brables à la presse, arrestations sans motif et sans
prétexte, visites domiciliaires multipliées au gré de
la police, outrages privés et publics, calomnies je-
tées du haut de la tribune, et pour couronner cette
œuvre, suppression de la presse populaire et attaque
violente au droit sacré d'association.

C'est là, c'est dans cette succession d'efforts pour
anéantir l'opinion républicaine, que se trouve le
complot que vous cherchez.

Rapportez à cette cause tous les événements qui
l'ont suivie, et vous les verrez se dérouler dans l'ordre naturel de leur génération.

Par là tout s'explique ; hors de là, vous resterez
dans le chaos. Le vrai complot, c'est le ministère
qui l'a fait ; c'est l'étranger qui l'a ordonné, l'étranger qui sourit quand des mains françaises versent le
sang de leurs concitoyens.

Mais, parce qu'on a vaincu un jour, et parce
qu'on se croit fort, il ne faut pas tronquer les faits,
changer les situations et donner pour vérités des
impostures. Les coupables sont : MM. Guizot, d'Ar-
gout, Thiers, Soult, et ceux qui les ont secondés, et
leurs instruments aussi odieux que ridicules, jusqu'à
M. Barthe, ce beau crépuscule de M. Persil.

Il en est bien d'autres que je ne nomme pas et
que la France nommera, dont le procès s'instruit
chaque jour, et que des châtiments épouvantables
attendent, s'ils sont proportionnés aux attentats
qu'ils ont commis.

En attendant, hommes du 7 août, glorifiez-vous !
ceux que vous accusez vous appartiennent, mais

vous appartenez comme eux et plus qu'eux au mouvement du siècle, qui vous demandera compte un
jour de ce que vous aurez fait.

Pour moi, je me retourne vers le passé, je compte
les débris de tant de gouvernements, rangés par cou-
ches les uns sur les autres, et je m'étonne en vérité
que les auteurs, les témoins et les victimes des violences cacochymes de fructidor aient osé, de nos
jours, renouveler cette misérable histoire. On dirait
une passion honteuse qui saisit des vieillards et qui
survit encore quand la nature a défailli.

VII.

UN MOT SUR LYON.

Je n'ai pas à faire le récit des derniers événements
de Lyon. Je crois cependant, malgré les nombreuses
relations qui ont été publiées, que la vérité est peu
connue : car la victoire seule a eu la parole, et parmi
les vaincus, les plus heureux sont morts ; les autres
attendent, dans les prisons qu'ils se sont faites ou
qu'on leur a données, un temps plus propice à une
opinion franche et libre.

Il est cependant quelques détails qui n'ont pas,
je crois, reçu de publicité.

On s'est étonné, par exemple, et non sans raison,

que la troupe et le peuple, qui, quelques jours aupa-
ravant, avaient paru fraterniser ensemble, soient si
promptement venus aux mains, et que l'affaire ait
précisément commencé par le même régiment (7ᵉ
léger) qui n'avait semblé rien moins qu'hostile.

Voici, m'a-t-on dit, ce qui se serait passé.

Depuis six heures du matin, les troupes de la gar-
nison étaient sur pied. La foule se forma peu à peu,
et à onze heures elle était déjà considérable, mais
inoffensive. Quelques barricades furent élevées au
débouché de la place Saint-Jean.

Le colonel du 7ᵉ léger reçut ordre du général
Buchet de s'avancer avec un demi-bataillon vers les
barricades de la rue Saint-Jean. Un agent de police
portant son écharpe marchait en tête ; la foule était
fort grande derrière les barricades, mais pas un
coup de fusil n'avait été tiré encore. Au moment où
l'agent de police était monté sur les barricades pour
faire les sommations, on assure qu'un adjudant faisant partie du demi-bataillon, prenant sans doute le
commissaire pour quelqu'un du peuple qui résistait
et qui insultait la troupe, s'est armé d'un fusil et l'a
blessé mortellement.

Cette méprise malheureuse a suffi pour engager
le combat. On sait qu'il a été désastreux, on sait
aussi quelles atrocités ont été commises pour obéir
aux ordres impitoyables.

Ce qu'on n'a pas dit encore, c'est que, pendant que
le pouvoir faisait dévaster la ville, incendier des
quartiers, briser et détruire des monuments, les républicains laissaient sur leur passage des traces de
leur probité et de nouveaux démentis à la calom-

vieuse accusation de pillage. Le premier jour du
combat, les insurgés s'étaient emparés de la caserne
des Minimes. Après y avoir cherché des armes et
des munitions, ils trouvèrent une malle qui conte-
nait de l'argent et l'ouvrirent en présence des soldats,
comptèrent l'argent, et portèrent le tout au commissaire de police, dont ils exigèrent un reçu. Ils ont
été maîtres de la caserne pendant cinq jours : pas
un effet n'a été dérobé, et cependant c'étaient des
hommes du peuple qui régnaient là sans contrôle.

Les habitants des maisons occupées dans la ville
par les insurgés ont déjà rendu témoignage de leur
patience dans la douleur et de leur respect pour les
propriétés et les personnes.

On m'accusera peut-être de faire l'apologie de la
révolte, parce que je ne verse pas des larmes hypo-
crites sur les deux camps.

Nul n'a été mieux placé que moi pour sentir tout
ce qu'il y a d'horrible dans les collisions entre Français : car j'avais parmi les républicains des amis dont
la patrie aurait été fière à plus d'un titre ; j'avais
parmi ceux qui se battaient contre eux un frère et
des camarades d'enfance.

Ils sont vainqueurs ceux-ci, et bien d'autres plu-
mes ont exalté leur courage, et les mains du pouvoir ont prodigué les récompenses.

Pour les autres, il n'y a eu jusqu'à présent que de
lâches injures et un silence qui n'est pas moins
lâche.

Associé par une accusation folle au complot de
Lyon, je me sens fier de la solidarité qu'on m'im-
pose. Je ne sais pas s'il y eut jamais une cause plus

belle ; elle réchauffe mes sympathies ; ma foi déborde plus ardente et plus vive en face de ceux qui nous accusent, et sentent derrière nous toute une génération impatiente de déblayer leurs ruines et de poser enfin les assises de la société nouvelle.

Lyon accomplit une mission sainte et toute d'avenir. Jérusalem des prolétaires, elle pleure comme l'autre sur ses enfants dispersés ou morts ; ses églises recouvrent comme aux premiers temps de la chrétienté la cendre des martyrs combattants pour leur foi ! Mais du fond de ces maisons croulantes, de ces décombres, de cette poudre et de ce sang mêlés ensemble, s'élève une vapeur menaçante que le souffle impur du pouvoir saura grossir et accumuler jusqu'à ce qu'il en fasse sortir la foudre révolutionnaire.

VIII.

LE PROLÉTAIRE. — LA BOURGEOISIE.

Paris ne pouvait être comme Lyon la capitale des prolétaires. Quoique composant à Paris la masse de la population, ils y sont répartis dans mille professions diverses et opposées ; leurs conditions d'existence sont plus douces, leurs délassements plus faciles et plus nombreux. Huit cent mille hommes pressés sur un même point impriment à tous les ressorts de l'activité sociale une vigueur qui ne la laisse jamais se ralentir ous épuiser.

La civilisation, toujours inquiète, toujours productive, même à contre-sens, multiplie les sources de travail et les fait jaillir par tous les canaux de l'industrie. Les arts et les sciences, se surveillant mutuellement, entretiennent une émulation jalouse qui augmente encore la circulation ; de plus, la spéculation, l'agiotage, l'esprit d'aventure, s'ingénient à de nouveaux procédés, se livrent à des constructions folles, à des exploitations vastes, tandis que la vanité rafine le luxe jusqu'à l'extravagance : le luxe, cette confiscation progressive des grandes maisons. Tous ces besoins moraux et immoraux appellent des bras et paient des salaires.

L'ouvrier, malheureux partout, l'est moins peut-être à Paris qu'ailleurs, quand les temps ne sont pas mauvais.

A Lyon, c'est tout autre chose : des industries spéciales s'y sont donné rendez-vous ; elles y occupent une armée de trente mille hommes, assujettis au même travail, vivant de la même vie, dont les besoins sont les mêmes, dont les intérêts sont uniformes et compacts.

Un cordon sympathique unit cet immense corps. — L'association est là toute faite sous la pression des douleurs communes. Là, un ouvrier n'a pas un produit net de quinze sous par jour pour se nourrir, lui, sa femme et ses enfants. La privation engendre les maladies ; la faim tue les uns, le labeur décime les autres ; les enfants héritent du père, les races se continuent de plus en plus faibles, et les filles de ces

malheureux sont condamnées à passer leur jeunesse
dans la prostitution , leurs vieux jours , si elles en
ont , dans la misère.

Eh bien! au milieu de cette détresse, s'il survient
une concurrence, une augmentation dans les matiè-
res premières , le prix du salaire en portera le far-
deau ; les quinze sous seront réduits à douze et à
dix. Les fabricants s'entendront , et les ouvriers ne
pourront s'entendre. Les premiers se diront quand
ils ne trouveront plus de bras : « Attendons ; le
« prolétaire n'a ni richesse , ni crédit ; sa fortune
« est dans son intelligence et sa force. S'il ne tra-
« vaille pas, il mourra de faim. Grâce à nous il n'a
« pas pu faire des économies ; le besoin lui fera ac-
« cepter nos conditions (1). »

Et si les prolétaires se sont réunis pour se secourir
mutuellement ; s'ils ont voulu, à l'aide de ressources
collectives, résister de concert à ceux qui de concert
spéculaient sur leur désespoir, ils sont coupables d'association. La loi Persil vient les atteindre , et leur
défend de se donner la main ; elle disperse les associés, se rit de leurs besoins, insulte à leur misère, et,
opposant à des plaintes légitimes la menace des
obus et du canon, le pouvoir crie aux maîtres : *Point
de concessions!* et à l'ouvrier : *Nous avons là de
quoi en finir!*

Ainsi la guerre est annoncée d'avance. La population ouvrière est trop entassée : la meilleure de
toutes les solutions économiques, n'est-ce pas d'é-

(1) Si je ne cite pas les paroles expresses , je suis certain de citer la
pensée d'un des discours de M. Thiers , et d'une foule d'articles du
Courrier de Lyon.

claircir ses rangs? La fécondité de la femme du peuple est exubérante; mais quatre cent mille hommes peuvent corriger le mal suivant les principes de Ricardo.

Voilà comment le système actuel panse les plaies de la société. Et vous croyez que c'est là un état durable? Vous vous persuadez qu'en tuant des hommes, vous en *avez fini* avec la situation?

Et vous vous figurez que le pays, éclairé sur la vérité, battra des mains quand vous aurez fait subir de longues tortures préventives à des citoyens, poussés par la nécessité la plus pressante : le besoin de vivre? Vous croyez que la France applaudira quand vous aurez voué à la proscription ou enterré dans le sépulcre du mont Saint-Michel des hommes exaspérée par des mesures de haine et d'oppression, traces sanglantes de tous les pouvoirs dont le pays est putréfié depuis quarante ans?

Non, non, la France n'est pas seulement hospitalière au malheur, elle est aussi accessible à la justice.

Elle verra que le siècle accomplit son œuvre, et que la révolution française se continue et marche à son but.

Seulement voyez la différence entre les époques passées et le temps présent.

Je ne veux parler ni des atrocités de la rose blanche et de la rose rouge, ni du poignard des Guelfes et des Gibelins, ni des crimes du clergé, ni des fureurs de la noblesse.

Mais comptez, si vous l'osez, depuis Philippe-le-Gros jusqu'à nos jours, les désastres que la bourgeoisie a faits autour d'elle. Ce n'est pas le peuple, c'est le tiers-état, qui doit être responsable des malheurs de notre première révolution. C'est la bourgeoisie qui a secondé la réaction de l'an III, comme elle avait secondé l'action du comité de salut public. — C'est elle qui composait partout les comités de surveillance, et c'est dans ses maisons que la jeunesse dorée trouvait un asyle. — C'est elle qui a salué l'ambition du 1er consul, encensé l'empire et trahi l'empereur ; c'est elle qui a reçu les Bourbons avec des transports d'enthousiasme, et qui a laissé souiller le sol français, en répétant à grands cris : *Vive le Russe! vive l'Anglais!* —C'est elle, elle seule, qui a trouvé un profit dans l'invasion, heureuse de rançonner en même temps le consommateur indigène et le consommateur étranger. —C'est elle qui, dans le Midi, a pris part aux cours prévôtales. — C'est elle qui a fourni la plupart des généraux de la restauration, coupables de tant de violences et de tant de crimes. — C'est elle qui a produit toute cette magistrature qui a fait de la justice un auxiliaire de la police, de la chose la plus sainte l'instrument le plus vil. — C'est elle qui, troublée ensuite dans ses intérêts égoïstes, et se voyant peu à peu fermer la route de la fortune et des honneurs, a demandé secours au peuple. — C'est elle enfin qui, exploitant la victoire des prolétaires, s'est substituée aux priviléges qu'elle avait condamnés. — C'est elle qui a rivé les chaînes qu'elle avait voulu briser. — C'est elle qui a consacré au milieu d'une société mobile et bouillonnante un monopole électoral de 150,000 hommes. — C'est elle qui, depuis quatre ans, encourage et protége tous les envahissements de la royauté.

— C'est elle qui s'est laissé imposer une liste civile énorme, des budgets ruineux ; elle voit chaque année le déficit creuser de plus en plus le gouffre du trésor public ; elle connaît les dilapidations publiques et privées ; elle apprend avec indifférence des marchés scandaleux , elle sait que ceux qui l'amusent par des vaisseaux de papier gagnent 25,000 fr. sur une seule pièce d'artifice ; elle voit qu'on lui donne pour ministres des gens dont elle ne voudrait pas pour commis ; elle entend qu'on lui prépare toute une organisation aristocratique , qu'on la menace de lui enlever une à une les plus précieuses garanties , que c'est sur elle que retombent les malheurs de la guerre civile , qu'on brûle ses maisons et qu'on refuse ensuite de venir à son aide, qu'on la gourmande même de sa poltronnerie, et qu'on exige, alors qu'elle paie tant d'argent pour être défendue et gouvernée , qu'elle vienne encore elle-même se gouverner et se défendre.

La bourgeoisie a vu tout cela et l'a souffert ; elle va voter , et elle donnera encore une majorité plus forte au système qui lui promet l'hérédité de la pairie, la destruction progressive de la presse et la suppression du jury. Elle va voter pour ce système qui a épuisé tous les degrés de la honte et de la violence, depuis les mépris du duc de Modène jusqu'au bâton des galériens (1).

(1) Ma prévision ne s'est pas trompée : le ministre a une majorité qui est de 50 voix plus forte que celle de l'année dernière. Les seules élections de Paris suffisent pour couvrir de mépris tout le privilége électoral.

La bourgeoisie a peur. Depuis quatre ans le pouvoir exploite ses vertiges.

Eh bien ! qu'elle se dépouille donc au profit de la royauté : le jour viendra (et il n'est pas loin) où elle tendra la main au prolétaire.

Alors les intérêts serviront de véhicule aux idées ; encore une fois le bras du peuple lèvera le marteau des révolutions, et donnera à toutes les nations de l'Europe le premier exemple d'un gouvernement libre et fort, émané de la volonté de tous, et mis à l'abri de tous les chocs violents par un mouvement périodique et régulier.

Puisse la bourgeoisie ne pas comprendre trop tard que c'est là le terme nécessaire de toutes nos luttes ! Puisse-t-elle ne pas rendre le combat plus vif, l'irritation plus grande, et par conséquent la justice du peuple plus terrible !

IX.

LA BOURGEOISIE. — LA RÉPUBLIQUE.

La bourgeoisie, ce n'est ni le cerveau qui pense, ni le cœur qui bat, ni les nerfs qui s'agitent ; c'est la partie charnue du corps social, inerte et passive, et qui reçoit cependant le plus net de sa substance.

La bourgeoisie ne sera jamais révolutionnaire

qu'indirectement : elle profite des progrès des peuples , elle ne les fait pas. Sa force est acquise d'avance à la victoire , à moins que le vainqueur ne devienne brutal à son égard , et qu'il ne l'inquiète dans sa paisible existence.

La devise de la bourgeoisie , ce n'est pas *l'ordre* , elle ne comprend pas ce mot : c'est le repos... A elle seule il faut appliquer la devise de Juvénal faite pour le peuple corrompu de Rome : car elle ne veut le repos qu'avec une certaine somme de libertés dont elle jouit , et qu'elle n'a pas conquises ; une certaine escorte de plaisirs , de spectacles , de distractions , de jouissances matérielles et morales, fruits d'une civilisation dont elle profite alors même qu'elle lutte contre la pensée artiste qui la crée , contre le travail qui la féconde.

L'art et le travail , tels sont les deux éléments de l'opinion républicaine ; ce sont les deux forces avec lesquelles elle prendra tôt ou tard possession du monde.

L'art , expression générique de l'intelligence qui découvre les lois de l'univers et celles du mouvement de l'humanité, dépositaire de toutes les traditions du génie et de toute la gloire des nations ; point de suture entre le passé et l'avenir ; première alliance entre tous les peuples, qui ne s'arrête ni aux diversités de langage ni aux différences de gouvernement, mais qui va porter sous tous les idiomes et par dessus toutes les frontières et toutes les douanes une langue humaine également entendue de tout ce qui est doué de sensibilité et de raison.

L'art veut en France continuer la grandeur nationale en prenant l'initiative de toutes les idées de progrès.

De là naît cette politique toute généreuse qui ne cultive de l'homme que ses plus nobles pensées, qui confond dans les mêmes espérances et dans les mêmes sentiments tous les peuples de l'Europe, et qui revendique pour la France seulement cette suprématie du dévoûment dont elle est en possession depuis tant de siècles.

Avec cette politique, toute diplomatie est ruinée, et le pays le plus habile sera celui qui favorisera le plus les communications entre des nations amies, l'échange entre les produits de toutes les industries et de tous les climats du monde; celui où l'égoïsme, vil et poltron, aura le moins d'accès, où la foi des peuples sera la première garantie de la moralité des citoyens.

Avec cette politique, que toutes les rumeurs, toutes les agitations, toutes les tentatives heureuses ou malheureuses de ce temps annoncent et préparent, les formes de gouvernement finiront par n'être plus assez importantes pour qu'on se passionne pour elles : car le premier soin des législateurs aura été de former par l'éducation, par la presse, par le théâtre, par les jeux, par les fêtes, par tous les moyens d'enseignement, par tous les stimulants de la publicité, des mœurs générales de probité, de liberté, de fraternité, qui seront la meilleure sanction des lois, la seule même qui puisse paralyser cet esprit d'accaparement et d'usurpation que l'orgueil infiltre à quiconque est armé du pouvoir.

Avec cette politique enfin, l'égalité serait l'objet

le plus constant de tous les efforts sociaux, non pas cette égalité spartiate, ridicule anachronisme qui réduit un peuple à la frugalité la plus étroite ; mais cette égalité qui est la sainte et religieuse application de la justice, qui consacre pour chaque homme le développement complet de toutes ses facultés, et qui ne donne jamais de prime qu'au travail le plus utile, aux services les plus dévoués.

Pourquoi donc, après tant de vanités mercenaires récompensées, le travail et le mérite n'auraient-ils pas enfin leur place en ce monde ?

Pourquoi l'aristocratie de la vertu ne serait-elle pas reconnue et respectée après tant d'autres aristocraties rongées de corruption ?

Pourquoi l'humanité, après avoir recouvré les titres de sa grandeur et fixé à jamais les éléments de sa force, n'écrirait-elle pas aussi le code du dévoûment, elle qui a subi tant de codes d'égoïsme et d'immoralité ?

Ce sont des utopies, dit-on. Oui, sans doute, de grandes utopies pour ceux qui n'ont ni la raison assez haute pour les concevoir, ni le courage assez ferme pour essayer de les réaliser en les appliquant.

Mais pour nous, républicains, ces pensées ne sont pas un rêve, elles sont le fond même de notre âme.

Eh ! qu'importe que notre génération tout entière soit sacrifiée ! En sommes-nous aux calculs de ceux qui mesurent leurs peines et comptent leurs risques avant de se livrer au combat ?

L'œuvre révolutionnaire ne veut pas de demi-courages, et jamais je ne réfléchis à notre situation, que je n'aperçoive au loin, et dans toute la majesté que l'histoire doit leur rendre, les hommes de cœur qui nous ont précédés dans cette carrière et qui ont su implanter dans le sol et sous leurs propres cadavres des principes assez vivaces pour qu'ils aient grandi et étendu leurs rameaux sur toute l'Europe, malgré trente ans de réaction.

Le siècle est bien jeune, et déjà il a brisé le consulat, l'empire et la restauration ; il aura bientôt usé la monarchie bourgeoise, car elle a des prétentions dynastiques et signe des actes *à toujours*, pendant que le flot bat incessamment le trône où elle est assise, assise sur tant de débris !

Rien n'est solide pourtant de ce qui est bâti sur la poussière : qu'est-ce donc lorsque cette poussière est faite d'un bitume qu'un soleil de juillet peut embraser, et qui dévore alors jusque dans leurs fondements les édifices qui semblaient indestructibles ?

X.

LA DYNASTIE D'ORLÉANS..... — UTOPIE.

Depuis Louis xiv, les d'Orléans ont constamment flairé la couronne. Avec l'énergie de Hugues ils l'auraient conquise au moins quatre fois depuis deux siècles; il a fallu que le peuple la jetât à terre pour que le fils d'Egalité vint la ramasser.

Place donc au fils d'Egalité et à sa race.

Huit enfants ! nobles boutures dont il faut qu'en bons pères de famille nous assurions d'avance la destinée.

J'ai écrit ce qu'ils appellent notre utopie, je veux essayer d'écrire aussi l'utopie dynastique.

Au fils aîné la couronne de France, beau joyau passé dans la famille par le contrat de 219 députés. Prince, il a grand' peine à se marier dignement : car, en ce temps de secousses, tout héritage présomptif est coté fort bas au bazar des cours. Roi, il aura des partis à choisir ; la Prusse sera moins fière , la Russie moins dédaigneuse, et l'Autriche se souviendra peut-être qu'un gentilhomme de la maison de Bourbon vaut bien un aventurier corse.

D'ici là , tous les troubles seront apaisés ; l'anarchie aura mordu la poussière ; la France, devenue sage après quelques leçons comme celle qu'on vient d'infliger à Lyon, aura comprimé tout emportement révolutionnaire et se laissera doucement conduire par notre fils bien-aimé. Les rois d'Europe cimenteront leur alliance avec la famille qui les aura délivrés des menaces de la révolution française. La royauté sera une sorte de sinécure que les travaux du père auront léguée à la faiblesse du fils.

Au midi sont deux jeunes reines qui prendront bientôt possession de leurs états.

Une vieille tradition avait promis aux d'Orléans la couronne d'Espagne. Les temps sont venus ; Isabelle est encore enfant, mais sous ce climat où tout se hâte elle sera reine et nubile à quatorze ans. Le duc de Nemours finira ses études dans cet intervalle et deviendra général en chef.

La guerre civile pourra bien compliquer les affaires de la Péninsule : tant mieux , car nos armes, si elles sont jamais nécessaires , aplaniront toutes les voies et rendront la route plus facile vers le trône castillan.

Que si la régente , alors reine-mère , se montrait par trop incommode.., elle est sœur de la duchesse de Berri , et l'on sait comment nous traitons nos nièces.

Nemours étant roi d'Espagne , je ne sais pas ce qui s'opposerait à ce que Joinville devînt roi de Portugal. Ce pays est baigné de tous côtés par l'Océan , c'est un marin qu'il lui faut; Joinville prend ses grades dans la marine en même temps qu'il fait sa quatrième , et quand il aura fini , dona Maria ne sera-t-elle pas assez fière d'épouser un amiral de France ?

Quant à d'Aumale , il est le plus riche de la famille : grand propriétaire , il faut qu'il soit grand industriel. Mais pour relever ces deux conditions un peu bourgeoises à la hauteur du nom de Condé , il importe que quelque gloire militaire se joigne à des profits commerciaux ; un peu de butin d'ailleurs n'a jamais fait de tort aux récoltes , j'en atteste nos riches maréchaux.

Nous donnerons à d'Aumale-Condé la vice-royauté d'Alger et de la Régence , établissement industriel , agricole et militaire tout à la fois.

Par ce moyen, tout le midi se concentre dans la maison d'Orléans. L'alliance avec l'Angleterre en pourra souffrir quelque chose, mais nous serons en mesure de nous passer d'elle et de lui tenir tête au besoin.

La Méditerranée est le chemin par lequel l'Occident doit aller renouveler la vieille civilisation orientale. — Maîtres d'une partie de ses eaux, nous dominerons bientôt l'autre ; d'ailleurs, une de nos filles sera souveraine de la Sicile, et il y aurait bien du malheur si nous ne donnions pas la plus jeune au petit Othon.

L'Italie est inquiète et remuante : tous ses désordres nous serviront. Ferdinand de Naples secondera le mouvement ; et dans le désarroi, que nous ferons cesser de concert avec l'Autriche, nous trouverons bien le moyen , en cédant à l'empire quelques morceaux de territoire près de la Dalmatie , d'obtenir une principauté importante pour notre petit Montpensier, auquel on donnera en même temps Gênes, que le joug du Piémont froisse et révolte.

Récapitulons, car je me perds dans cette tribu de Juda :

A notre aînée......... la Belgique.
Au duc d'Orléans... la France.
A Nemours........... l'Espagne.
A Joinville........... le Portugal.
A d'Aumale.......... l'Afrique,
A Montpensier...... une principauté d'Italie.
A Marie............. la Sicile.
A Clémentine........ la Grèce.

Oui, Frédéric avait raison quand il disait qu'un homme de génie ne pourrait s'asseoir sur le trône de France sans rêver l'empire de l'Europe.

Louis XIV l'a tenté, et n'a pas réussi ;

Après lui, Napoléon, dont la chute est effrayante.

Mais Louis XIV et Napoléon avaient-ils *l'étoffe d'un duc d'Orléans?*

Rois de l'Europe, que vous semble de cette utopie?

XI.

L'EUROPE ET LA RÉPUBLIQUE.

Ce n'est pas seulement la royauté française qui rêve! Cherchez un souverain qui à cette heure ne soit pas tourmenté par des insomnies cruelles, et qui n'essaie de jeter sur ses agitations et ses remords les créations fantastiques de l'ambition.

Cette Autriche, qui est patiente comme le temps, tenace comme la vieillesse, croyez-vous qu'elle ait oublié les 400 ans de combats pendant lesquels elle nous a disputé l'Italie? N'a-t-elle pas déjà mis les deux mains sur sa proie et ne dévore-t-elle pas en espérance toute la ligne des Apennins? Croyez-vous qu'elle ait renoncé à envahir la Romagne et à faire de Rome une ville impériale avec un pape qui serait un évêque de Vienne?

Et cette Prusse qui s'allonge sur l'Allemagne comme un serpent, a-t-elle renoncé à l'entourer de ses replis? Ne rêve-t-elle pas aussi la résurrection de l'empire germanique, qui donnerait un centre aux vertèbres de ses longs états?

Et le Russe, qui touche à la fois au nord et au midi de l'Europe, et qui veut encore étendre ses bras sur l'orient et l'occident, maître de Constantinople, n'a-t-il pas déjà rêvé l'Inde? Douanier de la mer Noire, n'a-t-il pas pris le sceptre de la Grèce pour entrer plus facilement dans la Méditerranée; et ses intrigues n'ont-elles pas assez prouvé combien la paix de l'Italie le fatigue?

Il n'y a pas jusqu'au duc de Modène et Charles-Albert, ces deux complices de conspirations libérales, ces deux apostats couverts de sang, qui ne s'abandonnent à de folles espérances.

Et pendant qu'ils s'assoupissent sur ces pensées, tout à coup un tremblement de peuple les réveille en sursaut, et, tout effrayés, ils entendent résonner comme un bruit de tonnerre ces paroles effrayantes : *France, Paris, révolution*, 89, 93, 1830!....

Et chacun de ces mots est une menace, chacun de ces chiffres une terreur!

93 surtout, ce souvenir qui fait tant de peur aux bourgeois, épouvante bien plus encore les rois et leur race.

Alors tous les projets sont ajournés, tous les rêves suspendus pour un temps, et tous ils se tournent vers cette France dont ils étudient les mouvements, dont ils observent la tendance. Ils frémissent en voyant toujours bouillonner dans son sein cette démocratie qui les a vaincus pendant la guerre, et qui les inonde de ses laves pendant la paix.

4

Ils veulent l'étouffer, et ils n'osent; ils mesurent avec anxiété la distance qui les sépare de ces frontières redoutées.

Cependant ils l'ont démantelée cette pauvre France. Sept tranchées diverses peuvent conduire jusqu'au cœur du pays. Mais si les armées sont dociles, les peuples le sont-ils autant? et si le roi des Français est peu redoutable, la population entière ne saurait-elle pas protéger ses foyers?

La guerre n'est plus seulement le choc des armes ou la violence des intérêts : les idées la dominent, elles en ont changé les conditions.

Les nationalités jalouses ou aveuglées ne consentiraient plus à se heurter les unes contre les autres au profit des princes, et la guerre achèverait l'émancipation que la paix mûrit.

Que prouvent donc ces faits? C'est que, sous les apparences d'une sécurité profonde, il n'y eut jamais un travail de dissolution plus actif et plus universel que celui dont l'Europe sent le malaise intérieur.

Nul état n'est limité; nul traité n'est intact; nul droit ou prétendu droit n'est respecté.

Les rois se sont fait, il y a quinze ans, la part du lion; et aujourd'hui tout leur échappe. Un seul mot a fait ce prodige : *Révolution.*

XII.

Une chose demeure bien constante, c'est que l'Europe actuelle, cette création artificielle de la diplomatie en 1815, est ébranlée sur ses bases.

Et cela non point par la révolution de juillet seule, mais par la conséquence naturelle des événements du dernier demi-siècle.

La première révolution, vaincue d'abord, victorieuse ensuite, avait jeté dans le continent cette grande perturbation qui avait réuni tous les trônes en les menaçant tous. Il y eut un moment, sous le consulat, où le système républicain balançait le système monarchique par le nombre et par l'importance des états.

Les extravagances de l'empire amenèrent la réaction de 1814 et de 1815. Troublés si souvent dans leurs palais, les rois voulurent rester maîtres de la France, et ils formèrent une carte d'Europe qui n'était qu'un tracé de tactique militaire fait par les vainqueurs contre les vaincus. La haine confondit des intérêts distincts, et associa des antipathies profondes. L'ambition des rois fixa des limites opposées à tous les sentiments de nationalité. On se condamna dès lors à gouverner non des sujets, mais des ennemis. Il fallut que l'Autriche tînt son gantelet de fer toujours étendu sur la Hongrie et la Lombardie vénitienne; l'Allemagne , la Pologne , la Bavière-Rhénane, la Belgique , formaient autant d'aggrégations courbées sous un joug qu'elles détestaient ; les grands états étaient dans une position hostile avec les nouvelles possessions qu'elles avaient saisies comme le butin de leurs armées.

Aussi fallait-il, pour que toute cette machine se soutînt, que pas un souverain ne vînt à manquer dans cette alliance impie qui maintenait par la force toutes les brutalités de la guerre.

Quand juillet a chassé Charles X , la secousse a retenti jusqu'à Pétersbourg ; et le corps européen, qui la veille encore semblait doué d'une force si redoutable, a paru ce qu'il était en effet , le plus disjoint des squelettes.

La Belgique s'est immédiatement séparée de la Hollande ; la Pologne et l'Italie se sont insurgées, l'une contre la Russie et l'autre contre l'Autriche. Tous le petits états de l'Allemagne se sont agités ; en un mot tous les peuples ont repris leur position actuelle.

Si la France avait complété son œuvre, si le principe populaire avait porté ses premières conséquences , toutes ces révolutions auraient été protégées par la nôtre, car elles émanaient toutes de la même origine.

La France a laissé égorger ses alliés par ses ennemis, et ceux-ci, redoublant de violences et de persécutions, ont cimenté avec du sang leur édifice démantelé.

Or, voyez maintenant l'influence du parti républicain par rapport à l'Europe.

Par le plus simple rapport des intérêts aux idées,
il recrute tous ces peuples, silencieux aujourd'hui
parce que la sainte-alliance étouffe leur voix, mais
qui éclateraient demain si l'espérance des plus faibles
secours leur était portée au nom de la France.

La victoire de la république rendrait donc chaque
peuple à lui-même. Les nations, divisées, éparpillées
pour ainsi dire, reconstitueraient l'unité qu'appellent la même langue, les mêmes mœurs, les mêmes
traditions.

Les rois, en rapprochant par la proscription tous
les hommes éclairés, braves et généreux, ont appris
aux peuples les plus éloignés à se connaître; en mê-
lant des populations qui ont été obligées d'échanger
leurs produits, ils ont préparé le moment où la liberté du commerce fera circuler dans tous les pays
les fruits de tout le travail humain sur toute la
terre.

Quel événement immense ce sera donc que le
triomphe des idées républicaines dans notre pays!

On peut l'entrevoir facilement en considérant avec
attention la situation que nous avons exposée. Déjà
dans ce moment il n'est pas une seule question politique ou industrielle qui ne soit européenne.

En France les ouvriers s'insurgent ou se coalisent
pour demander une amélioration dans leurs conditions d'existence.

En Angleterre des masses de prolétaires expri-
ment dans les rues de Londres leurs plaintes et
promènent leurs menaces. En Allemagne des popu-

lations entières s'émeuvent pour la même cause et dans le même but.

Tout se tient, tout s'enchaîne ; la vie des peuples n'est plus murée, l'œil des nations voisines y plonge, et il n'est pas un fait un peu important pour un pays qui n'ait son contre-coup dans les pays les plus éloignés : car la simultanéité des mouvements résulte de la parfaite similitude des positions.

Oui, toute question de liberté est européenne ; et c'est là ce qui grandit nos combats ; ce qui donne à nos âmes plus de ressort, à nos sentiments plus de constance, à notre foi plus d'élévation. A voir tous les mécomptes des tentatives les plus généreuses, et l'injustice des uns, et la stupidité des autres, et les bassesses de l'intrigue, et le silence de la peur, et les infamies de la trahison, et toutes ces hontes qu'un jour, un seul jour de défaite vous fait découvrir, on se prendrait à désespérer d'une cause sainte au milieu d'une nation dépravée.

Mais cette nation n'apparaît qu'à la surface, et d'ailleurs ce n'est pas d'un peuple qu'il s'agit, mais de l'Europe et de l'humanité.

Un parti qui a cette confiance doit savoir arriver à la victoire par de longues souffrances, de tristes erreurs, et de cruelles défaites. On n'achète pas d'ailleurs à si bas prix les destinées de tout un continent.

XIII.

CONDITION DU PROGRÈS.

Est ce donc un si bas prix que la moisson violente de tant de jeunes têtes tombées depuis quatre
ans ?

La guerre civile est partout , et jamais ses fureurs
ne furent si atroces.

Est-ce un si bas prix que ces massacres de vieillards, de femmes et d'enfants? ces prisonniers égor-
gés quand ils sont sans défense? ces saturnales de
la royauté en Piémont , en Italie , en Pologne?

Est-ce un si bas prix que les douleurs si longues,
si acérées , si souvent répétées de toute une génération; tant d'honnêtes gens dispersés dans les deux
hémisphères et pleurant une patrie absente ; tant de
citoyens naguère heureux, et qui tendent la main
aujourd'hui à l'étranger, condamnés aux privations
les plus dures parce qu'ils ont eu soif de liberté ?

Est-ce un si bas prix que ces persécutions achar-
nées qui durent depuis vingt ans contre ceux qui
ont été constants dans leur religion politique ; persécutions qui ont redoublé d'énergie depuis le 7 août
1830 , contre tous ceux qui se sont dévoués à la
cause de la justice et du peuple ?

Est-ce un si bas prix que cinquante années de

tourmente avec tant de ruines , tant de naufrages , avec une société si remuée dans sa vase, si corrompue , si déchirée !

Ah ! sans doute ce sont là des plaies affreuses; mais je ne sais si cela suffit encore , tant l'avénement de la république aura d'importance ; tant elle amènera dans le monde de changements nouveaux , de progrès inattendus ; tant elle contiendra de germes d'une rénovation féconde pour tous les intérêts ; tant elle déplacera ou renversera de trônes ; tant elle épurera les mœurs ; tant elle déracinera de vieux abus; tant elle réparera d'iniquités !

Hélas ! telle est la destinée de notre globe ! Chacune de ses révolutions amène des tempêtes. Telle est aussi la destinée de l'humanité.

Les choses les plus usuelles , les plus communes, coûtent toujours des existences d'hommes. — Des mineurs s'enfoncent dans la terre pour en retirer la houille , la pierre , le plâtre , ces éléments de tant d'industries , et il ne se passe pas d'années que des éboulements inattendus, ou des explosions de gaz, ne trompent toutes les précautions et n'engloutissent ou ne foudroient ceux qui se livrent à ce travail périlleux.

Il semble que, plus une invention est utile, plus elle doit creuser de tombeaux. Comptez toutes les victimes faites déjà pour les essais de la vapeur. Imaginez une machine qui soit un bienfait pour l'humanité , vous verrez bientôt ce qu'il vous en coûtera pour réussir. Pas un de nos toits ne se couvre sans que la vie d'un ouvrier ne soit exposée , pas une charpente ne s'élève sans faire courir des risques à

ceux qui la fixent, pas une muraille ne se démolit
que quelque accident affreux ne puisse écraser les
démolisseurs.

Le hasard des événements déjoue tous les calculs
de la prudence, et nous ne pouvons réfléchir sur aucune de nos jouissances les plus raffinées, ou de nos
habitudes les plus nécessaires, le vivre, le couvert,
le vêtement, que nous n'ayons à nous dire : Il y a
dans chacune de ces choses plus d'une mort, plus
d'un cadavre.

Toute création est précédée ou accompagnée de
destruction, et l'humanité n'enfante qu'en se déchi-
rant les entrailles.

Subissons donc cette loi fatale. Plus l'entreprise
que nous avons tentée est grande, plus nous devons
nous attendre à souffrir.

Et la chose n'est pas nouvelle. — Dans l'antiquité
comme de nos jours, l'ostracisme frappa tous les
hommes qui avaient le sentiment du progrès et qui
le révélaient à leur siècle. Les Athéniens ne pardon-
nèrent pas plus à Platon qu'à Socrate, et à Aristote
qu'à Platon. Rome eut des bourreaux pour les Grac-
ques comme pour Thraséas. Le christianisme a un
interminable martyrologe, et encore il y a sans
doute dans la légende une aristocratie de trépassés.

Qu'est-donc que le moi? qu'est-ce que cette mo-
lécule qu'une convulsion a produite et qu'un souffle emporte? et pourquoi ne serait-on pas fier de
consacrer tout son être à une pensée utile et grande
qui embrasse l'Europe, et qui promet à la France
tant de grandeur et tant de liberté?

XIV.

RÉFLEXIONS.

Mon secret se prolonge au-delà de toutes mes prévisions; les jours se traînent fatigants et monotones,
la chaleur devient ardente, les toits qui touchent
ma tête sont brûlants; et à travers cette lucarne
perpendiculaire d'où descend un peu de jour, le
soleil ne m'envoie que des rayons irrités? Pas une
brise qui rafraîchisse ma fournaise, pas un brin d'air
dans ma poitrine embrasée.

Quiconque n'a pas compté les heures dans la solitude d'une prison ignore ce que pèse une minute,
cet atôme imperceptible de l'éternité. Les facultés
humaines, si bornées de partout, touchent à l'infini
par deux points : le désir et la douleur.

Le désir, source de tout progrès; la douleur, mère
de l'espérance : c'est sur cet axe que roule la vie hu-
manitaire.

Gardons-nous de murmurer contre la douleur!
Tout à l'heure nous avons vu qu'elle est pour les
masses la condition de tout avancement dans la voie
du bien : elle est aussi pour les individus le mobile
de toute activité, l'épreuve de leurs forces, et pour
un parti la meilleure sanction de ses idées.

« J'en crois des hommes qui soutiennent leur foi
de leur vie, » disait-on à propos des martyrs.

Et l'opinion aussi finira par croire à ceux qui aujourd'hui sacrifient leur fortune, leur nom, leur existence, à leurs principes. On ne se dévoue pas au mal avec cette constance; et lorsque, réduit à l'isolement le plus absolu, seul avec sa conscience, pressuré d'ailleurs par tant de pensées sombres et décourageantes, on se répète : « Oui, nous sommes dans la vérité, dans la justice, » il y a là quelque chose de supérieur encore à tous les raisonnements : c'est cette intimité profonde de la conviction qui proteste contre la brutalité victorieuse, comme Galilée, prisonnier aussi, protestait en faveur de sa découverte contre les juges catholiques défenseurs du système de Josué.

C'est ainsi que tous les hommes de notre parti ont protesté depuis qu'on leur fait des procès.

Dans cette même prison, le secret est imposé à trois autres citoyens, parmi lesquels se trouve le brave capitaine Kersosie, soldat intrépide qu'on a jeté bon gré mal gré dans toutes les conspirations, et dont j'entendais, il n'y a qu'un instant, la voix libre et fière, pendant qu'il revenait sans doute de parcourir avec son guichetier l'espace de trente pas qu'on nous donne à mesurer, chacun à notre tour, pendant une demi-heure.

La cour des pairs nous a traités comme les privilégiés de sa rigueur. Elle n'ajoutera et n'enlèvera rien à nos sentiments pour ce noble corps.

Il y a un rapprochement assez curieux que je voudrais seulement livrer aux méditations du parquet et des juges.

L'huissier qui nous a conduits ici est le même qui

a signifié son jugement au maréchal Ney ; le même
qui, après avoir été prisonnier en Autriche et rece-
veur des finances à Bruxelles, est venu remplir les
tristes fonctions de son ministère auprès du haut
tribunal du Luxembourg.

Ce vieillard conduisit aussi tous les libéraux
compromis dans la conspiration de 1820. La rage
du pouvoir d'alors était grande, et M. Peyronnet,
procureur-général près la cour des pairs, gourman-
dait un jour ce pauvre M. Sajou de ce qu'il ne montrait pas envers les accusés une sévérité plus dure.
Dix ans après, M. Sajou allait chercher à Vincennes
et y ramenait M. Peyronnet, prisonnier à son tour,
accusé du crime de trahison, et qui profitait pour
sa part des complaisances fort resserrées dont un
huissier est susceptible en de telles occasions.

Honnête Sajou ! que le Ciel conserve vos jours !
Quoique un peu âgé, vous êtes assez jeune encore
pour pouvoir une seconde fois renouveler l'expérience de 1820, et vous n'attendrez pas dix ans.

XV.

LES PAROLES D'UN CROYANT.—L'ABBÉ DE LAMENNAIS.

Pendant que je maudissais ma lucarne incen-
diaire, j'entends sur le toit le bruit d'un objet qui

tombe, et bientôt un livre attaché à une corde m'arrive comme par miracle , livre vraiment tombé du
ciel pour moi.

J'ai dévoré ce volume, j'ai béni le prophète qui
a ainsi versé les trésors de son éloquence, comme
un baume réparateur sur des blessures saignan-
tes.

Je ne sais comment la presse aura jugé ce livre :
mais, dans l'état actuel des esprits , cette magnifi-
que déclaration de guerre me semble un événement
important. — Ou je me trompe beaucoup, ou les injures des organes du pouvoir prouveront qu'il a
compris la portée de cet écrit.

Il est donc bien vrai que le génie étouffe dans
le maillot du passé ; le voilà qui brise ses langes ,
qui prend dans l'espace ses larges coudées et qui
prédit aux siècles leurs destinées prochaines.

C'est un foudre lancé contre les foudres du Vati-
can. Rome exprimera ses douleurs et menacera
d'excommunier le schismatique.

Et cependant, si le catholicisme pouvait sortir
du cercueil où la corruption , la faiblesse et l'in-
intelligence de ses agents l'on fait tomber, cette parole nouvelle d'Isaïe pourrait seule l'en retirer.

Je ne crois pas à cette résurrection , car le tom-
beau garde aussi sûrement les institutions que les
hommes.

Toutefois, il y a une admirable conception et une
révélation de grandeur et de force dans cette pensée
qui veut ramener le catholicisme à la foi primitive,
lui faire continuer sa mission d'égalité et de charité,
l'environner du respect des peuples et faire encore

de la croix le symbole de l'émancipation des prolétaires et de la délivrance des opprimés.

C'est donc une nouvelle papauté qui s'annonce et
qui vient dire à toute l'Europe chrétienne :

« J'apparais aujourd'hui comme autrefois , pour
répandre les eaux du ciel sur une terre desséchée.

» Quand le christianisme vint au monde étendre
et appliquer le travail de la théocratie égyptienne et
de la philosophie grecque , tout était désordre et
confusion dans l'Occident civilisé.

» L'empire était fatigué de sa grandeur, la république rongée de vices, et le peuple romain ivre
d'égoïsme et de corruption. L'esprit de conquête
avait réalisé tout ce qui était de son domaine ; mais
comme il n'était plus employé au service d'aucune
idée utile , il n'avait d'autre résultat que de vaines
gloires et de stériles ambitions.

» La société civile présentait l'amalgame de citoyens libres et égaux , et d'esclaves moins prisés
que la brute.

» Entre les premiers plus de mobile pour les ac-
tions généreuses , car il n'y avait plus de but commun : toutes les forces de l'intelligence et du travail
se repliaient donc dans une personnalité honteuse.

» Alors naquirent ces débordements du luxe, ces
vastes palais bâtis jusqu'à la mer, ces raffinements
de la cupidité et des passions charnelles , la dépra-
vation des mœurs , la lubricité d'Antoine , les dé-
bauches de César, l'immonde gourmandise de Lucul-
lus. L'art, déchu comme la pudeur, se livrait à toutes
les frénésies contemporaines et les célébrait au lieu
de les combattre. La science ne semblait utile que

par ses rapports avec l'industrie; la fatalité du mal avait jeté sur le colosse romain un réseau de fer qui l'enveloppait et l'étreignait dans ses mailles resserrées.

» Spartacus vaincu, on croyait en avoir fini avec les esclaves, lorsque l'étoile de l'Orient se leva, et vint annoncer le nouveau soleil du monde.

» Que si vous suivez ensuite les phases du catholicisme à travers la chute de Constantinople, les migrations des peuples barbares et l'établissement des nations occidentales, vous le verrez bientôt vainqueur, d'abord par sa foi, ensuite par le glaive de la France.

» C'est qu'alors, porteur de la parole d'égalité, il la répandait partout; c'est qu'armé du dogme saint de la charité et de la fraternité, il enfanta partout le dévoûment et l'héroïsme.

» Et quand il sacra les rois, il en fit des instruments de civilisation; et quand les rois abusèrent de leur autorité, il délia les sujets de l'obéissance, apprenant au monde que le pouvoir n'est respectable qu'autant qu'il est fidèle à sa mission.

» Puis il combattit la noblesse pour exhausser ces bourgeois et ces vassaux nombreux qui, au lieu de l'ancien esclavage de la loi romaine, subissaient le dur servage de la glèbe.

» Et pendant tout ce temps il conservait soigneusement le dépôt des sciences et des lettres; ses premiers pères étaient les premiers savants du monde; ses missionnaires, ses évêques et ses docteurs surpassaient en éloquence tout ce qui restait encore d'orateurs ou d'écrivains de la Grèce ou de Rome.

» L'art avait retrouvé ses inspirations. La majestueuse et symbolique forme de la cathédrale et toutes les créations gothiques annonçaient à quel progrès cette faculté humaine devait parvenir.

» Et aussi long-temps que l'idée chrétienne se maintint pure et originelle, elle conduisit le monde en rattachant la terre au ciel.

XVI.

SUITE.

» Pourquoi donc cette puissance est-elle tombée, sinon parce qu'elle est sortie de ses voies?

» Eh bien ! aujourd'hui l'heure est propice pour l'y faire rentrer. Les prolétaires ont remplacé les serfs : la morale n'est plus qu'un mot sans valeur ; toutes les croyances sont effacées ; un vide affreux a été creusé dans toutes les intelligences et dans tous les cœurs ; le droit semble se confondre avec la force ; l'iniquité est justifiée par la victoire ; Satan s'est assis sur les trônes, et lui seul porte la tiare.

» Est-ce que la coupe de la charité est épuisée ? Est-ce que l'égalité n'appelle pas tous les exclus au banquet de la vie ?

» Il faut donc que le catholicisme secoue les chaînes qui le retiennent captif, et qu'il s'élance comme
autrefois à la tête des prolétaires, balançant le ban-
nière qui annonce l'évangile nouveau.

» Il faut que les évêques, reprenant leur indépendance et leur pauvreté, se mêlent au peuple qui travaille et qui souffre.

» Que l'argent du budget ne souille plus la majesté des autels, et si la clé d'or ouvre toutes les portes, qu'elle respecte au moins celle du sanctuaire. »

L'ouvrage de M. Lamenais résume toutes ces
choses, et il explique tous ses précédents travaux.

Après la révolution de juillet, il voulut répandre
cet enseignement. Rome brisa sa plume; il se soumit.
Mais il a interrogé sa conscience, et ce qu'il n'a pu
accomplir par le pape, il l'essaie malgré le pape:
car toute autorité est fragile devant la loi du devoir.

Encore une fois, je crains bien que les *Paroles d'un
croyant* ne subissent dans les séminaires la même
proscription que *l'Avenir:* les vieux prêtres ne se
corrigent pas; les jeunes ont été façonnés, comme
les soldats, à l'obéissance passive.

Le clergé perd chaque jour de son influence; et
telle est sa constitution actuelle et les habitudes de
son éducation, qu'il est condamné, sauf un petit
nombre d'exceptions, à une sorte de pétrification
progressive.

Ce n'est donc pas là qu'il faut jeter la semence.
Si elle peut germer, ce sera dans les générations
nouvelles, qui sont accessibles à toutes les nobles

5

pensées, pourvu toutefois que les nouvelles générations puissent oublier presque tous les précédents
théocratiques du nouveau prédicateur populaire.

Chez elles la foi politique a remplacé la foi religieuse ; si celle-ci se montre assez flexible pour se
greffer sur l'autre , son concours redoublera peut-
être la marche de l'humanité.

Cependant , et s'il faut tout dire , je crois que la
religion n'a plus désormais à prendre l'initiative ;
son temps est accompli; elle a suivi les mêmes phases que la royauté , elle doit l'accompagner dans sa
chute; ou si elle dure encore , c'est que son domaine
aura changé.

Il restera toujours dans une société assez d'âmes
mélancoliques et rêveuses qui ont besoin de s'en-
chanter de toutes les illusions de l'espérance ; il restera toujours assez de douleurs' pour que le doux
sommeil des consolations religieuses vienne les cal-
mer à propos.

Mais à la place de cette résignation chrétienne
qui courbe et aplatit l'homme devant la force aveugle et brutale, l'humanité a repris le sentiment de sa
dignité, et les peuples en ont résumé l'expression
par la formule de l'insurrection. A la place de ces
mystères qui expliquaient le monde par la foi, l'intelligence a repris ses droits , et les clartés de la
science ont chassé les ténèbres du dogme.

Les *Paroles d'un croyant* n'en sont pas moins tou-
chantes, fortes, profondes. Jamais, depuis Samuel ,
la royauté ne fut si bien jugée que dans ces paraboles
transparentes, où chaque monarchie actuelle com-
paraît avec ses crimes, ses remords et les châtiments

qui l'attendent. Jamais plus rude coup ne fut porté
à la bête qui fait sa patûre de chair et de sang.

XVII.

LES LÉGITIMISTES. — M. DE CHATEAUBRIAND.

J'ai montré dans les pages qui précèdent comment
le parti républicain, opprimé, décimé, ouvert dans
toutes ses veines, a devant lui toutes les chances de
l'avenir, parce qu'il embrasse à la fois dans ses doctrines et les améliorations sociales au–dedans, et la
grandeur nationale au dehors ;

En face du parti républicain, l'absolutisme de
l'Europe, qui l'observe et qui tremble.

Sur le trône de France un principe d'égoïsme qui
rapporte tous ses actes, ses pensées, ses paroles, à un
seul but, la dynastie d'Orléans ;

Dans le clergé, un seul homme qui eût le droit
d'élever une voix que le talent rend respectable pour
tout ce qui fait entendre des accents de liberté inspi-
rés et prophétiques.

Restent donc les légitimistes, séparés de la république comme l'un des pôles l'est de l'autre ; éloignés de la dynastie d'Orléans par des sentiments
d'honneur ; distincts du clergé, dont l'influence a
perdu Charles X ; ennemis de la bourgeoisie, qui les
a dépossédés.

Ce parti n'a qu'un principe : c'est la succession régulière des rois, qu'ils appellent le principe d'ordre ;

et comme il faut bien expliquer par quel côté se maintiennent encore ses partisans, nous conviendrons qu'il semble au premier aspect que le pouvoir soit assis sur une base plus solide quand la loi du temps a réglé d'avance, pour toutes les générations, à qui appartient l'autorité suprême.

Malheureusement, c'est une fiction à laquelle le temps lui-même a donné plus d'un démenti; et si l'on conçoit comment, à une époque peu éclairée, la monarchie servait en effet l'égalité et par conséquent la justice et l'ordre, en abaissant toutes les aristocraties féodales, on ne comprend plus une telle nécessité dans un moment où le peuple a effacé toutes les traces du moyen-âge. Le principe d'ordre n'a plus alors d'autre effet que d'empêcher la volonté nationale de recevoir son exécution; elle suppose qu'il y a quelque chose de supérieur à cette volonté, qu'elle peut être enrayée ou entravée par des formes quelconques de gouvernement; et le pouvoir, au lieu d'être une magistrature dépendante, est au contraire un principe indépendant; et par là même ce pouvoir est mis en lutte avec la société, il s'arme de sa constitution pour placer son indépendance au-dessus de toute atteinte, et bientôt il en abuse pour frapper ceux qu'il devait servir.

Alors naissent inévitablement les divisions et les haines, puis la guerre et les révolutions.

Si bien que ce qui fut en effet, non pas un principe, mais un moyen d'ordre et de paix, est une cause permanente de désordres et de collisions.

Telle est aujourd'hui la monarchie, dont les légitimistes sont les vrais représentants.

Je dis les vrais et je devrais dire les seuls représentants.

Car c'est pitié de voir par quelles feintes misérables, par quels pauvres sophismes le 7 août se défend à l'égard de Charles X et de sa famille.

Pour moi, qui ai suivi avec une attention scrupuleuse le procès des anciens ministres, je n'ai entendu que des arguments pitoyables opposés à la défense de MM. Polignac et Peyronnet. Placés sur le terrain de la légalité, ils étaient invincibles.

Le droit écrit était pour eux; l'art. 14 réservait formellement la souveraineté à la personne royale toutes les fois qu'il s'agissait de la sûreté de l'état, et elle laissait le roi seul juge des circonstances dans lesquelles il devait revendiquer le pouvoir suprême. Ce droit était bien mieux écrit encore dans le préambule de la charte, et la faculté de retirer ou de modifier la constitution revenait naturellement à celui qui l'avait octroyée.

Ainsi ceux qui ont voulu réduire la révolution de juillet à une misérable chicane de légalité ont plaidé la cause de la dynastie déchue. Les ordonnances étaient strictement légales, elles étaient une nécessité de position, et ceux qui les ont désavouées après la défaite n'ont pas calculé les avantages qu'elles auraient procurés à la monarchie si la victoire avait accompagné cette audacieuse entreprise.

Ou il faut reconnaître la légalité des ordonnances faites en vertu de l'art. 14, ou il faut nier la charte de Louis XVIII.

Aussi n'y a-t-il que deux partis conséquents : l'un,

qui a toujours repoussé comme une usurpation et le gouvernement de l'étranger et tous les actes constituants de ce gouvernement; l'autre, qui a accepté la légitimité et qui a regardé comme conforme à son droit tout ce qu'elle a fait pour se conserver.

Il n'y a pas ici de milieu : ou la souveraineté est dans le monarque légitime, ou elle est dans la nation; ou dans un homme, ou dans un peuple.

Toutes les questions politiques conduisent à ce dilemme; il faut choisir.

Or, s'il est vrai, comme la logique le démontre et comme l'histoire des dernières années le confirme, que la monarchie n'est plus qu'une source de divisions et de désordres, on ne peut plus raisonnablement l'invoquer comme un principe conservateur.

Il ne reste donc aux légitimistes que des sentiments politiques, et non des idées. Voués à la cause du malheur, ils continuent les preux, ils observent une fidélité platonique à une race maltraitée ; c'est une manière de chevalerie qui a ses charmes, et qui peut dire aujourd'hui comme François Ier : *Tout est perdu fors l'honneur.*

Toute la politique de ce parti est dans cette religion de la fidélité, et M. de Chateaubriand a traduit ce cri de la défaite par cette phrase : *Madame, votre fils est mon roi.* Qui mieux que lui pouvait sous ce rapport être l'organe des légitimistes? Son génie tout poétique s'est inspiré de cette longue épopée de huit siècles couronnés par la guillotine et l'exil; il a étendu sur ces grandes douleurs toutes les magnificences de sa parole, et le drame, vu de loin, paraîtra peut-être plus triste et plus beau.

Mais lorsque, détournant ses regards de ce passé lamentable, il a voulu considérer où allait le monde, alors il a été forcé de reconnaître et de proclamer que sur tout le continent européen poussaient les germes d'une démocratie qui rend les espérances de la légitimité frivoles.

Lui aussi, dans quelques pages qu'une indiscrétion a dérobées à ses mémoires, il vient de saluer cette république universelle que toutes les intelligences aperçoivent, que tous les courages ont préparée.

Martyrs qui avez vu l'abyme creusé entre le présent et le passé, et qui l'avez comblé de vos cadavres, réjouissez-vous! car les temps approchent où les peuples vous glorifieront.

Déjà ceux qui sont grands entre les hommes par leur science et leur génie signalent la fin des orages, et prophétisent l'avénement de la société nouvelle.

Parmi les légitimistes qui comprennent une autre politique que celle de l'intrigue et de la bassesse, il n'en est aucun qui ne sente toute la faiblesse de ces doctrines, qui doivent les conduire au pied du trône de Louis-Philippe si un accident fortuit ou préparé faisait périr un enfant de quatorze ans. Certes, ceux-là seraient bien coupables et bien flétris aux yeux des nations qui pousseraient jusqu'à la honte la fidélité à leur principe, et qu'est-ce donc qu'un principe qui a pour première conséquence un résultat déshonorant?

Leur opinion n'est donc qu'un culte que l'honneur explique, mais que la raison n'avoue pas; et les derniers mots de M. de Châteaubriand, et les derniers discours de M. de Fitz-James, et l'éloquence

de M. Berryer, si brillante et si impétueuse quand
il remue les idées de liberté, annoncent d'avance
que les légitimistes les plus renommés nourrissent,
sous leurs sentiments de piété pour une famille, des
pensées républicaines, malgré des mœurs et des noms
qui ne le sont pas, tant une situation est entraînante
et profonde quand elle est vraie ! Et quel indice
plus frappant de ce torrent des idées qui emportent
toutes les autres que cette amende honorable de deux
hommes tels que Châteaubriand et Lamenais!!!

XVIII et XIX.

L'OPPOSITION PARLEMENTAIRE. — MM. DUPIN, BARROT, MAUGUIN.

Tout ce que nous avons vu jusqu'à présent a un
sens, voici une chose qui n'en a point.

Cherchez un système dans toute cette Babel d'i-
dées et de doctrines ; cherchez un moyen de gouvernement dans cette opposition qui ose à peine
heurter le pouvoir quand il ruine toute liberté, qui
le critique amèrement quand il maintient l'unité
nationale. Vous vous fatiguerez en vain : vous ne
trouverez là ni ordre, ni suite, ni direction, ni har-
monie; rien qui ressemble ni à des législateurs, ni à
des hommes d'état. De brillantes paroles, des vanités
puériles, une peur aveugle, de l'intrigue et de la coterie.

A défaut de choses, il faut prendre les hommes.
— L'opposition parlementaire en a trois : MM. Du-

pin, Barrot et Mauguin ; trois avocats qui figuraient si bien au barreau, qu'ils n'ont pu renoncer à ce qui fit leur gloire et leur fortune : aussi ont-ils transformé la chambre en cour judiciaire. Ces messieurs plaident toujours, et leur grande affaire ce n'est pas la France , c'est la majorité des boules : c'est là qu'ils veulent gagner leur procès ; le dehors importe peu. La tribune n'est pas le plus haut enseignement du pays ; ce n'est ni l'expression franche et complète de la volonté nationale ou de ses sentiments, ni la revendication de ses droits, ni même la défense de son juste orgueil.

La parole parlementaire est descendue à des discussions pauvres, creuses, vides d'intérêt quand la personnalité ne vient pas les échauffer.

M. Dupin est le type de la boutade et de la palinodie ; il a transformé le fauteuil de la présidence en tabouret de Pasquin. Ses observations sont des épigrammes, ses rappels à l'ordre des calembours. Il retrouve cependant, quand il veut, son éloquence si vive, si acérée, si rapide, si mordante ; sa logique a un caractère particulier de verve et d'entraînement.... Mais pourquoi a-t-il parlé hier? pourquoi s'est-il tu aujourd'hui? quelle cause a fait changer son opposition de la veille en complaisance et en flatterie pour le lendemain? quel est-il? que veut-il? qui peut compter sur lui?

On se rappelle que, grâce à son influence, la religion catholique fut effacée de la charte comme religion de l'État; pendant trois ans il a fait une guerre acharnée aux prêtres; cette année il a défendu et les évêques et les évêchés.

À l'heure où je vous parle, il est en correspondance avec Rome, il en a reçu les bénédictions pour ses derniers discours apostoliques, et j'espérais édifier le public en lui faisant connaître dans *la Tribune* la substance d'une de ces lettres. La dernière est datée du 10 avril; je pourrai dire le nom du correspondant et la voie par laquelle parviennent ces épîtres mystérieuses.

Les volte-face de cet orateur ne sont pas toujours aussi capricieuses qu'on le suppose; mais l'effet semble inexplicable, parce que la cause en est inconnue.

Quant à M. Barrot, il appartient à une école d'honnêteté privée qui le rendra toujours respectable comme homme et comme citoyen. Il est d'une probité que le soupçon n'a jamais atteint, d'une dignité morale qui recommande à la fois et sa personne et ses discours.

Mais sa politique !... elle n'est d'aucune école : ni révolutionnaire, ni contre-révolutionnaire, ni conservatrice, ni progressive; il ne se rattache ni à la convention, ni à l'empire, ni à la restauration, ni à la dynastie d'Orléans, ni à la république; il compose de tout cela une sorte d'éclectisme, une espèce de corps sans figure, sans muscles et sans os, qui lui donne quelques ressources pour la critique, pas une seule pour l'organisation. Aussi a-t-il été toujours battu, toujours réduit au silence, toutes les fois que le ministère, prenant l'offensive, lui a demandé en quoi le système-Barrot différait du système-Thiers.

Il y a eu un moment où l'on a pu espérer la révélation des doctrines de cet orateur : c'est à l'époque de la discussion de la loi municipale. Depuis trois ans il vivait sur la grande réserve des institutions communales et départementales ; mais dès qu'il s'est agi d'exposer comment tout l'édifice politique reposait sur cette base , M. Barrot, pour toute achitecture , nous a donné la vieille distinction faite par la Constituante entre le pouvoir politique et le pouvoir administratif ; distinction subtile en théorie , mais qui demeure complétement inapplicable dans une société où tous les intérêts se croisent comme tous les pouvoirs, et où la mauvaise politique entraîne nécessairement une mauvaise administration , et la mauvaise administration conduit à une mauvaise politique. Depuis ce moment, M. Barrot a été désarçonné de sa spécialité municipale , et son amour pour la liberté , très sincère sans doute , s'est rattrapé comme il a pu à quelques dissertations élégantes et sans portée.

Il n'y a donc pas plus de système-Barrot que de système-Dupin. — Mais M. Mauguin, l'homme habile par excellence, a-t-il du moins un système ?

Il est incontestable que , comme homme politique, celui-ci l'emporte de beaucoup sur les deux autres : car si l'on ne trouve rien dans les discours de MM. Barrot et Dupin , on trouve de tout dans ceux de M. Mauguin.

Êtes-vous républicains ? Relisez les admirables harangues de 1831-32. Quelle chaleur! quels accents élevés et généreux! quel profond sentiment de la grandeur nationale et de ses destinées! quel tribun !

Aimez-vous la convention et l'empire? Voyez ses discours de 1833, sa séparation du vieux libéralisme , son étrange attitude pendant toute une session, où il défend souvent le pouvoir contre ses anciens amis.

Êtes-vous pour la monarchie actuelle ? Ecoutez-le en 1834 condamner toute révolution future, demander le repos, accuser le ministère , et s'indigner de ce qu'il fait remonter plus haut des accusations qui lui sont personnelles. Voyez-le réclamer l'ordre avec plus de véhémence encore que ceux qui achètent l'ordre à coups de fusil , et s'étonner enfin de ce qu'on *n'a pas fait assez d'arrestations préventives* (1).

Tout cela , vous le voyez bien , c'est de l'habileté la plus raffinée , car on dit tout bas à la république : « Je veux ce que vous voulez , et je prépare vos voies. » On dit à la dynastie : « J'ai rompu avec tous les démolisseurs , et je suis désormais un homme gouvernemental. » On dit à l'empire : « La dynastie et la république sont impossibles , laissons-les combattre , et nous hériterons d'eux. »

A Dieu ne plaise que j'accuse M. Mauguin de tenir ce langage ! On l'a tant calomnié que je n'ose-

(1) Ces paroles sont toutes récentes. Elles ont couronné la carrière oratoire de M. Mauguin. Dans le moment où il les prononçait , il y avait neuf cents personnes détenues à Paris, douze cent soixante à Lyon, plus de cent cinquante à Saint-Etienne, vingt-cinq à Marseille , autant à Châlons et à Arbois , et toutes soumises à des rigueurs cruelles par suite des événements d'avril; la police avait encombré ses prisons, et la cour des pairs avait ordonné une quantité considérable de prises de corps , de visites domiciliaires , de perquisitions nouvelles. Si je n'avais lu cette inconcevable phrase dans *le Moniteur* , j'aurais cru que les autres feuilles avaient pris Mauguin pour Bugeaud. Il y a des moments où la faiblesse va jusqu'à la démence.

rais pas même médire de lui. Mais sa conduite et ses discours ont assez d'élasticité pour se prêter à tous les exigences des opinions les moins analogues.

Il n'est donc pas plus facile de savoir ce que pense M. Mauguin que de découvrir le système de ses deux collègues.

Or, ces trois hommes enlevés à l'opposition dynastique, que lui reste-t-il ? D'honnêtes gens, patriotes sincères, caractères honorables ; esprits assez médiocres, assez vulgaires ; vieille monnaie battue au même coin, peu de chose, bien peu de chose assurément, et qui ne saurait avoir grand poids pour faire incliner le pays vers une situation ou une autre.

Supposez donc que toute cette opposition revienne à la chambre : elle y fera ce qu'elle a fait. Essayer de persuader au peuple qu'il est représenté, que ses besoins sont compris, que ses intérêts sont énergiquement défendus, et à toute occasion abandonner la cause du peuple et de ceux qui se dévouent pour lui.

Laissez donc venir autour de la monarchie du 7 août les Bugeaud, les Jaubert, les Mahul et les Viennet ; donnez de nouveaux soutiens à la voix frénétique des Vérollot, des Vigier, des Lefebvre et des Levraud ; renforcez cette nombreuse et furibonde troupe de comparses hurleurs ; ne privez pas M. Persil de son ami Martin, des Dumont, des Duboys-d'Angers, des Amilhau, des Pataille, des Dusséré, de toute la cohue magistrale qui couve la haine sous la robe noire, et qui sue la vengeance dans ses jugements. Que Lafayette, Dupont et Laffitte soient absents de cette chambre, où leur patriotisme et leur honorable probité rappellent encore la révolution de juillet (1) ; ouvrez toutes les portes à la queue de la doctrine ; admettez-les tous, jusqu'à ce petit jeune homme qu'un geste véhément de Casimir Périer a rendu célèbre, de cette célébrité qui fait rougir.

Nous souhaitons au 7 août bien mieux que les trois cents de M. de Villèle. La pairie attend qu'on lui rende son hérédité : elle l'a bien gagnée depuis trois ans. La presse quotidienne est incommode, l'étranger n'en veut pas. Le jury est d'une indulgence révoltante. Ce gouvernement est de cinquante ans en avant sur la population. Qu'il lui enlève donc encore ce peu de liberté qui ne va pas à ses mœurs. Le pays veut de l'ordre, qu'on l'en rassasie à tout prix : de l'ordre avec des impôts écrasants, de l'ordre avec dix millions de fonds secrets, de l'ordre qui courbe et maîtrise tous les partisans des progrès d'une nation, de l'ordre qui soumet tout une population au régime des baïonnettes, de l'ordre avec des ordres impitoyables.

(1) J'ai eu l'occasion de m'assurer, en voyageant dans le Midi, que M. Laffitte ne serait pas réélu à Baïonne. Le ministère fera tout au monde pour qu'il n'ait aucune chance à Paris. Quant au général Lafayette, le peu de jours que j'ai passés près de Melun m'ont mis à même de voir les électeurs les mieux informés, et ils sont tous persuadés qu'il ne sera point réélu non plus.

Depuis que ceci est écrit, Lafayette est mort, et tous les rois de l'Europe ont dû se réjouir. La bonne fortune de ce grand citoyen lui a épargné un affront qui eût été pour la France un scandale.

Les élections sont terminées maintenant. On a vu les intrigues honteuses du ministère et leur succès. M. Laffitte a échoué partout où sa candidature avait été annoncée d'avance. Un ministériel remplace Lafayette. Espérons que la nouvelle législature ira bon train.

(*Note de la 3ᵉ édition.*)

Voilà ce que produira la majorité qui sortira de l'urne électorale. La monarchie a raison : sa veine est bonne, qu'elle en profite, et qu'elle frappe à grands coups sur une nation qui mérite bien mieux encore par sa lâche stupidité.

XX.

CONCLUSION.

Mon secret est levé. — Je cesse d'écrire. J'ai besoin de voir des figures humaines, d'entendre des voix humaines, de sentir autour de moi quelque chose d'humain. Je vais retrouver mes camarades ; chacun d'eux aura aussi ses ennuis à raconter.

La nouvelle qu'on vient de m'annoncer tout à l'heure m'a presque fait oublier tout ce que je viens d'écrire. Dès qu'un peu de liberté de parole est rendu, on secoue cette pensée de la solitude qui, se pliant sans cesse sur elle-même, permet à peine à toute autre réflexion de se faire jour.

Peut-être ne devais-je pas livrer au public ces épanchements un peu confus, pensés amèrement, écrits si vite, et que les tortures du secret ont interrompus si souvent.

Mais j'appartiens à une opinion qui est un combat perpétuel. Mon travail et ma plume sont voués à une cause qui n'excuse point la paresse, et qui traite sévèrement tout soldat abandonnant le poste où il est placé.

Nous aurions manqué à notre devoir si, dans le

silence forcé de la *Tribune*, nous n'avions pas adressé quelques paroles à nos amis et à nos ennemis.

Les uns et les autres nous rendront, j'espère, cette justice, que nous ne sommes pas de ceux dont les convictions pâlissent à chaque éclipse de la fortune ; la défaite ne nous a jamais trouvés hésitants ou fléchissants ; nous supportons celle-ci comme nous avons subi les autres. La vitalité de nos opinions n'en a point été surprise et n'en saurait être ébranlée.

Que si nous revendiquons cet honneur, c'est pour le rapporter au parti qui a tous nos vœux et qui nourrit toutes nos espérances. Qu'on le compare à tous les autres, soit dans les idées qu'il porte, soit dans ses luttes, soit dans la victoire ou dans les revers.

Est-il sur la voie de l'avenir ou du passé ? montre-t-il de l'astuce où de la franchise ? est-il féroce quand il a vaincu ? est-il abattu quand il souffre ?

Supprimez de l'Europe le parti révolutionnaire : que devient l'histoire ? supprimez-le de la France : que devient l'opinion ?

A nous donc la jeunesse et la force ; à nous l'artiste qui crée, le peuple qui travaille ; à nous le génie et la science auxquels se révèlent les jours de la démocratie. Les mauvaises heures passeront ; ceux qui nous persécutent sont des vieillards, et le temps est encore plus impitoyable pour eux que pour nous : il nous tourmente, mais nous laisse vivre ; il les épuise et les tue.

FIN.

IMPRIMERIE DE GUIRAUDET, RUE St-HONORÉ, N° 315.

www.ingramcontent.com/pod-product-compliance
Lightning Source LLC
Chambersburg PA
CBHW070914280326
41934CB00008B/1720